파도바의 성 안토니오

이 책의 초판은 독일에서 『Antonius von Padua』로 출판했습니다.
Copyright ©1996, Verlag Butzon & Bercker, Kevalaer, Germany.

파도바의 성 안토니오

교회 인가 서울 대교구 | 2021년 5월 21일
1판 2쇄 | 2022년 11월 29일

지은이 | 안톤 로체터 OFM Cap
옮긴이 | 양우석 OFM

교정교열 | 조선희, 심종민
표지 디자인 | 이윤숙
내지 디자인 | 박선영

펴낸이 | 김상욱
만든이 | 조수만
만든곳 | 프란치스코출판사(제2-4072호)
주 소 | 서울 중구 정동길 9
전 화 | (02) 6325-5600
팩 스 | (02) 6325-5100

홈페이지 | https://blog.naver.com/franciscanpress
인쇄 | 유진보라

ISBN 978-89-91809-98-7 03230

값 10,000원

파도바의
성 안토니오

프란치스코 출판사

차례

서문 8

1. 안토니오 성인의 출생 11

2. 특별하지 않은 시작

19 ··· 어린 시절과 그가 받은 교육

20 ··· 아우구스티노회

22 ··· 프란치스코회

26 ··· 수동성의 원칙

29 ··· 아씨시 돗자리 총회(1221)

32 ··· 몬테파올로

3. 천상의 목소리

39 ··· 순회 설교자

40 ··· 카타리파

42 ··· 첫 번째 순회 설교기:
 이탈리아에서 1222년부터 1224년까지

44 ··· 두 번째 순회 설교기:
　　　　프랑스 남부 지역에서 1224년부터 1227년까지

45 ··· 아를 총회, 1224년 가을

47 ··· 부르쥬 시노드, 1225년 11월 30일

49 ··· 교회 비평가

52 ··· 세 번째 순회 설교기:
　　　　이탈리아에서 1227년부터 1231년까지

58 ··· 성 프란치스코에게서 신학 교수로 임명된 안토니오

62 ··· 안토니오의 신학적 방법

66 ··· 신학 교수 안토니오

69 ··· 안토니오와 성 프란치스코

71 ··· 수도회 부총장

75 ··· 1231년의 사순 시기

81 ··· 정치적 임무

84 ··· 캄포삼피에로의 호두나무 꼭대기에서

88 ··· 쓰러짐 그리고 죽음

4. 성 안토니오의 죽음 이후

93 ··· 격렬한 열정

103 ··· 기적과 시성식

110 ··· 전설적인 이야기들

111 … 깨지지 않는 유리잔

112 … 믿지 않는 남자

114 … 물에 빠져 죽은 아이들

116 … 에첼리노의 회개

117 … 절단된 발

118 … 기도하는 당나귀

121 … 기적적인 언어 전달

123 … 루카 벨루디의 환시

124 … 설교를 듣는 물고기들

128 … 독이 든 음식

129 … 구두쇠의 심장

131 … 친자 확인 기적

132 … 칼에 찔린 여성 / 안토니오의 석관을 연 이야기

133 … 반지 / 죽은 남자의 증언

134 … 책, 불꽃, 심장, 백합, 십자가, 아기 예수님

136 … 나누어진 빵

137 … 과학적인 호기심

5. 기도문

142 … 성 안토니오께 드리는 기도

144 … 빵 축복 기도

서문

저는 오래전부터 저와 같은 이름을 쓰면서 주보 성인으로 모시고 있는 파도바의 안토니오 성인께 책을 헌정하고 싶었습니다. 그리고 때마침 좋은 기회가 성 안토니오 출생 800주년인 1995년에 저에게 왔습니다.

그런데 한 사람의 출생은 실제로 무엇을 의미하는 것일까요? 가끔 우리는 태어난 순간을 표현하면서 한 사람이 "세상의 빛을 처음으로 본다"라는 말을 하곤 합니다. 그렇다면 출생이란 우리의 눈이 처음으로 열려서 우리 주변의 세상을 인식하는 순간이나 자궁의 어두움 속에서 존재의 빛으로 향하는 통로가 아닐까요?

반대로 출생이란 세상이 우리를 처음으로 바라보는 순간, 세상이 우리를 알아보는 순간은 아닐까요? 그리고 우리가 어두운 그림자로부터 나와 세상의 빛으로 들어가면서 다른 사람들로부터 인식되는 때가 아닐까요?

성 안토니오의 경우에는 '출생'에 관한 정의를 후자의 모습으로 바라보게 합니다. 물론 성 안토니오의 생물학적인 출생도 중요하지만, 더 중요한 날은 안토니오 성인이 동료들을 놀라게 하면서 공개적으로 처음 설교를 했던 1222년의 가을이었습니다. 이 일이 있기 전 안토니오 성인은 은둔소에 조용히 머물면서 동료들에게 자신을 거의 드러내지 않았습니다. 이전에는 많은 사람이 그를 알지 못했지만, 그 이후에는 다양한 방법으로 그의 이름이 퍼져나가면서 누구도 그의 이름을 잊을 수 없게 되었습니다.

성인의 지상 여정은 하늘의 유성과도 같았습니다. 성인에게는 사람들을 고향으로 돌아오게 하는, 그 빛을 밝히는 데 채 십 년의 시간도 주어지지 않았습니다. 1231년 6월 13일 이 별은 파도바의 외곽에서 저무는 동시에, 완전히 다른 모습으로 떠오르게 되었습니다.

그렇기에 저는 제 주보 성인에 관한 이야기를 순차적인 방법으로 말씀드릴 수 없습니다. 지상의 삶과 천상의 영원한 삶이 그렇듯이 출생과 죽음은 중간중간의 어떤 균열이나 단절이 없이 항상 올곧은 선으로만 이어질 수 없기 때문입니다. 저는 성인의 삶을 나누면서 이러한 모습을 보여드리고 싶습니다.

1995년 1월에
안톤 로체터 OFM Cap

1 안토니오 성인의 출생

1222년 9월 말, 이탈리아 볼로냐 근처에 있는 포를리의 성 메르쿠리알레 수도원에서 작은형제회와 도미니코회 수사들이 사제품을 받을 준비를 하고 있었습니다. 그런데 참석자들을 충격에 빠뜨리는 일이 생겼습니다. 바로 서품식에 걸맞은 강론oration을 할 사람이 없다는 것이었습니다.

이 서품식 강론 사건의 전통적인 해석은 약간의 논란이 있습니다. 첫 번째로 서품식 미사를 집전하는 주교가 당연히 강론 요청을 받았을 것이기 때문입니다. 두 번째로 1232년 이후 가장 오래된 전기에서는 이러한 강론에 관해서 권고exhortation라는 말을 사용하는데 프란치스칸 원천 사료들을 보면, 이 말은 전례 행위 밖에서 사용하는 용어였고 사제 형제만이 아니라 평 형제도 할 수 있었기 때문입니다. 세 번째로 당시 포를리의 수도원 책임자로서 후대에는 수호자guardian의 역할을 했던 이에게 미니스테르 로치minister loci라는 말이 사용되었기 때문입니다. 이 책임자의 의무에는 행사 준비뿐 아니라 행사에 적합한 권고자exhorte의 준비까지 포함되었습니다. 이러한 이유로 해서 당시 상황은 서품식이 끝난 이후의 행사였던 것 같습니다.

어쨌든 그 상황으로 다시 돌아가서, 그 행사의 책임자는 참석한 이들 가운데 누구도 행사에 걸맞은 적합한 나눔을 해줄 사람이 없다는 사실에 충격을 받았습니다. 그래서 참석자들 가운데 이 일을 대신 맡아줄 사람을 찾아 부탁했지만, 모두 거절하였습니다. 도미니코회의 저명한 설교자들은 설교하기 전에는 충분히 묵상해야 한다는 신념 때문에 거절했고, 프란치스칸들은 그러한 일을 하는 데 자신들이 충분한 훈련을 받지 않았다고 여겨서 거절했습니다. 이 책임자는 이성적인 상태에서 적임자를 찾지 못하자, 이제 감정이 동요되어 확신은 없지만 일단 몬테파올로 은둔소 주변에서 동료들과 함께 온 안토니오 형제에게 그 임무를 맡을 것을 명령합니다.

안토니오는 은둔소에서 자신을 드러내지 않는 삶을 살았습니다. 그의 삶은 작은 형제의 삶에 맞게 소박하고 단순했습니다. 그는 성 프란치스코의 삶을 따르는 제자였습니다. 안토니오는 다른 형제들과 마찬가지로 성 프란치스코의 은둔소 회칙에 있는 "어머니"의 역할을 했습니다. 어머니의 역할은 요리나 청소, 애긍을 청하는 일이었고 혹여 어려운 시기를 겪고 있는 형제의 말을 잘 들어주는 일도 포함합니다. 이렇게 어머니 역할을 하고 나서 때가 되었을 때는 긴 시간 동안 홀로 머물면서 하느님 신비를 관상하고, 하느님 신비 안에 의지하는 시간을 보냈습니다. 안토니오도 필요할 때면 자신의 걱정거리를 다른 형제나 그가 신뢰하는 어머니 역할의 형제와 나누며, 그들에게 자신의 마음을 맡겼습니다. 은둔소의 삶을 대변하는 이러한 생활은 안토니오에게도 큰 영향을 끼쳤습니다.

말수가 적어서인지는 몰라도 이전까지 어떤 주목도 받지 못했던 이 형제가 지금 어떻게 그 행사에 적합하게 준비할 수 있단 말입니까? 그러함에도 안토니오는 순종합니다. 그리고 그곳에 있던 사람들은 그동안 침묵을 지키고 있던 이 사람의 입에서 흘러나오는 말에 깜짝 놀라게 됩니다. 동료 형제들은 그의 말을 들으면서 안토니오의 많은 재능을 알아차립니다. 성경에 대한 방대한 지식, 현재에 적용되는 성경 말씀의 본질적인 의미, 마치 방금 만들어진 것처럼 들리는 신선한 언어, 영감을 불러일으키고 영을 일깨우는 관점, 성 아우구스티노와 성 예로니모와 성 그레고리오를 비롯하여 많은 성인의 말씀 인용, 알아

듣기 쉬운 구조와 간결한 논리, 남다른 표현 능력을 알아보게 됩니다.

모든 사람이 그의 말을 들으면서 할 말을 잃고 믿을 수 없다는 듯 입을 딱 벌릴 정도였습니다. 이 순간, 안토니오는 오늘날 우리가 아는 그 사람이 되었습니다. 곧 연설가, 선교사, 설교가, 신학자 그리고 성 프란치스코의 표현을 빌리면 '영과 생명을 주는' 사람이 되었습니다.

가장 오래된 전기에 따르면, 안토니오는 올드 토난스 old tonans, 곧 음색이 맑으면서도 소리가 크고 분명한 사람이라고 불립니다. 이 목소리는 하늘로부터 받은 선물입니다. 어원학에 따른 이름인 올드 토난스는 목소리나 음악소리를 뜻하기 때문에, 언어학적으로는 적확한 표현이 아닐지 몰라도 본질적인 의미에서는 맞다고 할 수 있습니다. 가장 최근에 성인 유해를 조사했던 시기가 1981년이었는데, 성인의 뼈대나 턱뼈 그리고 혀와 다른 모든 발성 기관이 전혀 부패하지 않은 온전한 상태라고 발표되었습니다.

이 사실이 어떻게 여겨지든 한 가지 사실은 분명합니다. 1222년에 한 위대한 설교가가 태어났고, 세상은 천상의 목소리를 지닌 안토니오를 얻게 되었습니다.

2 특별하지 않은 시작

어린 시절과
그가 받은 교육

안토니오는 1195년 8월 15일 리스본 주교좌 성당 근처에서 태어났습니다. 그의 부모였던 마틴 알폰시와 마리아는 아기 이름을 페르난도라고 지었습니다. 당시 국왕 알퐁소 2세를 섬겼던 궁정 기사의 아들인 안토니오는 특권을 받은 사람 중 하나였기에 주교좌 성당의 학교에서 교육을 받을 수 있었습니다. 안토니오는 학교에서 문법과 수사학, 변증학(논리학)을 포함하는 3학(trivium)과 산술, 기하학, 점성술, 음악을 포함하는 4과(quadrivium) 교육을 받았습니다.

어린 시절에 관해서는 알려진 것이 거의 없습니다. 하지만 어린 페르난도가 눈부시게 빛나는 모습으로 보였다는 전설적인 이야기들이 수 세기에 걸쳐 전해져왔습니다. 어떤 이야기에서는 페르난도가 바라본 것들은 모두 나채롭게 되었고, 그의 손이 닿으면 무엇이든 치유가 되었다고 말합니다. 그의 어린 시절에 관한 대부분의 이야기는 그가 하느님과 가까웠다는 것을 드러내고자 했습니다. 그러나 이런 기상천외한 이야기들은 상상의 영역에 속합니다. 페르난도는 여느 아이들과 다르지 않은 평범한 아이였기 때문입니다.

아우구스티노회

안토니오 성인에 관한 가장 오래된 이야기는, 젊은 페르난도의 성적인 자각을 말합니다. 페르난도는 자신이 느끼는 성적인 충동을 위협적일 뿐 아니라 심지어 악한 것으로 여겼습니다. 그는 봉쇄수도원으로 가야만 이를 피할 수 있다고 믿었습니다. 이처럼 도피하는 행동이 요즘 시대에는 이해하기 어렵겠지만, 당시 팽배했던 이원론이 물질세계, 곧 악한 세상과의 작별을 요구했던 것을 고려한다면 충분히 받아들일 수 있습니다. 페르난도는 열다섯 살에 리스본 주변의 성 아우구스티노 수도회 소속인 성 빈센트 수도원(Canons Regular of San Vicente)의 수련소에 들어갔습니다. 하지만 그곳에서는 그가 찾고자 했던 평온을 체험할 수 없었습니다. 동료나 친구들이 자신을 방문할 수 있었고, 그로 인해 시끌벅적한 행사에 이끌려가기 마련이어서 자신이 원하는 삶에 집중할 수 없었습니다. 페르난도는 더욱 홀로 지낼 방법을 찾다가 당시 포르투갈의 수도였던 코임브라의 수도원으로 이동하게 됩니다. 성 아우구스티노 수도회는 당시 코임브라에서 세계적으로 유명한 학교를 운영하고 있었습니다.

그곳에서 페르난도는 훌륭한 교수들을 만날 수 있었고, 당시 세계 최고 수준이던 도서관도 이용할 수 있었습니다. 여기에서 그는 폭넓은 신학 지식의 기초를 놓을 수 있었기에 후일 그가 한 설교나 저술한 책들에는 이곳에서의 시간이 기억되곤 합니다. 주목할만한 한 가지는 그가 이곳에서 신학적 내용을 바라보는 감각을 발전시켰다는 것입니다. 페르난도가 충분히 익히게 된 이 기술은 본문의 단어들을 초월하는 능력이었습니다. 곧 본문 속 단어나 내용이 말하는 의미를 뛰어넘어 현재에 어떻게 구체적으로 적용되는지 또 미래에 어떤 영향을 줄 수 있는지를 연구하는 것이었습니다.

코임브라의 성 빈센트 수도원에 있는 동안 페르난도가 사제품을 받았는지에 대해 여러 논쟁이 있었습니다. 원천 사료는 언제, 어디서, 그가 사제품을 받았는지 명확하게 밝히지 않습니다. 그러나 당시 참사수도회(Canon Regular,

특정한 회칙을 지키면서 살아가는 공동체)에 들어오는 사람은 누구나 사제품을 받고 사목하도록 요구되었습니다. 따라서 그가 받은 모든 교육은 성직자의 삶을 위해 준비된 것이었으므로 아마도 1220년 프란치스칸이 되기 전, 교회법과 당시 여건이 허락된 때에 사제품을 받았을 것으로 여겨집니다.

작은형제회

1220년 1월 16일에 작은형제회의 다섯 명의 형제들이 모로코에서 죽임을 당하였습니다. 이는 지나치게 도전적인 선교 활동으로 이슬람교인들을 자극했기 때문이었습니다. 베라르도, 베드로, 아디우토, 아쿠르시오, 오토네 등 이들의 순교는, 형제들이 이슬람교인들 사이에서 복종할지언정 언쟁을 벌이지 말고 평화롭게 살 것을 원했던 성 프란치스코의 지시를 따르지 않은 결과였습니다. 프란치스코는 자신의 형제들이 그리스도인으로서 신앙을 단순하게 증거하고 갈등을 피하도록 가르쳤습니다. 당시 많은 이들은 베라르도Berard와 동료들이 이를 지켰다면, 아무

일도 일어나지 않았을 것이라고 믿었습니다. 왜냐면 당시 많은 그리스도인이 모로코에서 이슬람교인들과 평화롭게 살고 있었기 때문입니다. 심지어 포르투갈의 왕 알퐁소 2세의 형제인 페드로Pedro도 모로코에 정착하여 우리 전통에 따라 "신도들의 군주" 혹은 지휘관Miramolin이라고 불리는 에미르-엘-미메닌Emir-el-mimenin과도 좋은 관계를 유지하고 있었습니다. 그러함에도 페드로Pedro는 신앙의 이유로 작은형제회 순교자들의 주검을 모로코에서 몰래 빼내어 코임브라로 옮겨 왔습니다. 그리고 페르난도가 살았던 수도원 성당의 지하 납골당에(원래는 포르투갈의 왕들을 위해서 준비된 것이다) 작은형제회 순교자들의 주검이 모셔졌습니다. 페르난도는 베라르도와 형제들이 예수 그리스도에 대한 신앙으로 기꺼이 죽을 수 있었다는 점에 큰 충격을 받았습니다. 그래서 심사숙고한 끝에 결국 프란치스칸이 되기로 결정하였습니다.

이때 보게 된 작은형제들이 페르난도가 처음으로 만난 프란치스칸은 아니었습니다. 사실 1217년에 작은형제회는 코임브라 외곽에 정착했습니다. 그들은 여기에서 순회 설교를 떠나기에 앞서 일정 기간 고요히 신심 생활을 하였습니다. 분명 이들은 빵이나 다른 음식을 청하기 위해 최소 몇 번은 성 아우구스티노회 수도원 문을 두드렸을 것입니다. 따라서 그는 프란치스칸들과 개인적으로 접촉할 수 있었을 것입니다. 이렇게 애긍을 청하는 형제들과 만나면서 그는 프란치스코의 가르침과 영성을 접하며 영감을 받았을 것이고, 또 작은 형제가 되고자 하는 의도가 그의 마음속에 확고부동하게 자리잡았을 것으로 추측됩니다.

작은형제회에 들어오기 위해서는 그가 속한 성 아우구스티노 수도회의 허락이 필요했습니다. 그의 청원은 처음에 유보되었지만 결국 허락을 얻게 됩니다. 어느 자료에 따르면, 페르난도는 당시 수도원장 직책을 수행할 촉망되는 후보로 여겨졌다고 합니다. 어떤 자료들은 이름이 밝혀지지 않은 한 수사에 대해서 말합니다. 그 수사는 페르난도의 수도회 이적 결정에 대해 격렬히 반발하다가 결국 그가 떠나가자 고통스러워했다고 전합니다.

작은형제회 입장에서 바라보면 상황은 훨씬 간단했습니다. 1220년 여름에는 아직 수련기도 없었습니다. 수련기는 1220년 9월 호노리오 3세에 의해 처음으로 의무화되었고, 작은형제회에서는 이적에 대한 특별한 조건도 없었습니다. 페르난도가 작은형제회에 들어오기를 바랐던 시기에는 하느님께 대한 열정이 있고, 복음 말씀을 문자 그대로 따르고자 하며, 자신의 재산을 가난한 이들과 나누고, 또 가톨릭교회 신자라는 자체로 조건이 충분했습니다. 게다가 그는 이전 수도회의 허락도 받은 상태였습니다.

작은형제회에 입회가 허락되자마자 작은형제들은 페르난도에게 간소한 수도복을 입혔고, 그는 비로소 작은형제가 되었습니다. 수도회에 입회해도 자신의 크리스천 이름을 유지했던 대부분의 형제들과 다르게 그는 새로운 이름을 선택합니다. 작은형제들이 코임브라 외곽에 처음 정착했던 곳의 이름을 따라서 안토니오라고 불리기 원했습니다. 그는 자신의 겸손한 본성에 알맞게 자신을 드러내지 않으면서 지내기를 바랐습니다.

안토니오가 이렇게 새로운 수도회로 옮기면서까지 극단적인 변화를 선택한 유일한 동기는 순교에 대한 갈망일 수 있습니다. 비록 그가 성 아우구스티노 수도회에서 지내는 동안 작은형제들을 존경했다고는 하지만, 작은형제회 순교자들의 장례식을 목격한 다음에야 비로소 예수 그리스도 때문에 죽임을 당한 이들을 닮고자 하는 결정을 했기 때문입니다. 그는 1220년 여름 그리스도를 증거하고자 하는 마음으로, 혹은 그리스도를 위해 죽기를 희망하는 마음으로 모로코를 향해 떠났습니다. 하지만 말라리아에 걸려서 도중에 뱃머리를 돌려 포르투갈로 돌아오게 되었습니다. 그러나 거친 폭풍을 만나 그가 타고 있던 배는 시칠리아의 해안에 도착하게 됩니다.

안토니오가 타고 있던 배가 도착한 해안이 어디였고, 또 그가 섬 어디에서 머물렀는지는 알려지지 않습니다. 그러나 "성 안토니오 만(Bay of Saint Anthony)"이나 메시나 Messina 근처의 은둔소, 체팔루Cefalu와 비치니Vizzini, 산 마우로San Mauro di Castlemonte와 다른 장소들은 모두 안토니오 성인과 관련된 곳이라고 알려졌습니다. 우리가 아는 유일한 일화는 안토니오가 질병으로 고통을 겪으면서 프란치스칸 형제들로부터 보살핌을 받았고, 무기력하고 수동적인 모습으로 오랫동안 그곳에 머물렀다는 점입니다.

수동성의 원칙

안토니오는 투병 생활 중 그의 영적 여정에서 핵심적

인 한 가지를 얻게 되었습니다. 바로 살아오면서 처음으로 하느님의 부르심에 수동적으로 응답하게 된 것입니다. 그동안 그는 자신의 의지를 포기해본 적이 없었습니다. 열다섯 살에 악한 세상으로부터 피하고자 성 아우구스티노 수도회에 들어가려고 결정한 사람이었고, 또 리스본의 생활이 너무 번잡하다 하여 코임브라로 벗어날 것을 결정한 사람이었습니다. 또 프란치스칸이 되기 위해서 뜻을 확고히 했던 사람이었고, 이렇게 한 이유도 순교하고자 하는 자신의 목적을 어떻게든 이루려던 것이었습니다. 지금 이 순간까지 자신의 손으로 주권을 행사하고자 했던 사람이었습니다. 하지만 안토니오가 달려온 삶의 여정 속에 하느님은 어디에 계셨을까요? 그는 살아오면서 처음으로 이 깨달음에 직면하게 됩니다. 그리고 마침내 말라리아와 폭풍의 방법을 통해서 드러내시는 하느님의 부르심에 무릎을 꿇게 됩니다. 안토니오는 자신의 모든 힘을 잃게 되었고, 자신이 원하고 필요로 하는 그 무엇을 위해서 어떠한 결정도 할 수 없게 되었습니다. 이제 하느님께 모든 것이 맡겨진 상태였고, 오직 하느님께서 초대해주시는 일만 할 수 있는 상태가 되었습니다.

후대에 안토니오 로스미니(1797-1855)는 영적 여정의 한 과정으로 "수동성의 원칙"이라는 이름을 붙입니다. 그에 따르면, 수동성의 원칙은 그리스도인이 자신의 행위로 인해 하느님의 일을 방해하지 않고자 자발적으로 뒤로 물러난 채 겸손함을 가장 우선시하는 행동 원칙이라고 합니다. 그리고 하느님의 뜻대로만 쓰일 수 있도록 준비되어야 하며, 자신이 머무는 곳을 떠나 하느님의 뜻에 응답하는 일에 헌신하도록 준비되어 있어야 한다고 말합니다.

그리스도인의 일반적인 영적 여정의 원칙으로 소개되는 내용이 13세기 안토니오의 삶 속에서 드러나고 있습니다. 초기 원천 사료들은 이에 관해 어떤 의심도 하지 않습니다. 더욱이 율리아노Julian of Speyer는 다음과 같이 말합니다.

"안토니오는 하느님의 집을 향한 불타는 열망으로 가득 차 있었다. 그러나 하느님의 신적 개입으로 그의 영혼은 공허함에 직면하게 되었다. 그 이후로 그는 자신의 내적 교만에서 기인하는 어떤 욕구나 갈망마저 잃게 되었다. 이제 그는 더욱 완전한 방법으로 신뢰에 가득 차 자신을 하느님 신비에 내맡기게 되었고, 하느님께서 분명한 표지를 주시기 전까지는 그저 가능성을 크게 열어둔 채로 하느님의 뜻을 기다리게 되었다."

아씨시 돗자리 총회(1221)

안토니오가 아직 완쾌되지 않은 상태에서 어떻게 아씨시에서 개최된 성령 강림 대축일 돗자리 총회에 참석할 수 있게 되었는지는 수수께끼로 남아있습니다. 참고로, 돗자리 총회라는 이름은 삼천 명의 형제들이 돗자리 말고는 잘 곳이 없었기 때문에 붙여진 이름입니다. 안토니오가 이 총회에 어떤 방법으로 참여했는지는, 그저 다른 동료들과 함께 오게 되었으리라고 추측할 뿐입니다. 칼라브리아의 피조Pizzo와 산 마르코 아르젠타노San Marco Argentano에서 성인이 휴식을 취했던 것은 알려졌지만, 형제들과 어떤 길을 따라 왔는지는 알려진 바가 없습니다.

당시에 성령 강림 대축일 총회는 모든 형제에게 성대한 축제일이었습니다. 지아노의 조르다노와 토마스 에클레스톤이 편집한 『작은형제회 형제들의 연대기』에 따르면, 최소 삼천 명에서 최대 오천 명에 이르는 형제들이 포르치운쿨라 성당 아래에 모였다고 합니다. 시토 수도회 소속의 추기경이었던 라이너 카포치Rainer Capocci를 포함해서 다른 많은 주교와 다른 수도회 대표들이 이 총회에 참석했다는 점은 이 모임에 특별한 의미가 있었음을 말해줍니다. 형제들은 야외에서 잠을 자고, 낮에 그늘에서 만나 친교를 나누었습니다. 아씨시의 주민들은 음식과 음료를 가져다주었는데, 그 양이 너무 많아서 받은 선물들이 버려지지 않도록 총회가 이틀 더 연장될 정도였습니다. 프란치스코는 이제 수도회 장상의 직무는 하지 않았지만, 여전히 특별한 영적 권위를 지니고 있었습니다. 행사를 시작하면서 프란치스코는 성경을 읽었고 "전쟁 속에서 나의 손을 인도해주시는 나의 주 하느님께서는 찬미를 받으소서"라는 주제로 형제들에게 설교하였습니다. 프란치스코가 말을 전하지 않는 동안에는 부총장이었던 엘리야 형제에게 순종하며 앉아 있었고, 무언가 할 말이 있을 때면 엘리야 형제의 옷을 잡아당기곤 했습니다. 엘리야 형제는 허리를 굽혀 프란치스코의 말을 듣고는 똑바로 서서 말을 전했습니다. "형제들이여, 형제님께서 전할 말씀이 있습니다." 프란치스코는 그 이름이 언급될 필요가 없을 정도로 '형제님'이라고 하면, 바로 프란치스코로 여겨졌습니다.

당시 안토니오가 프란치스코를 만났었는지는 알 수 없습니다. 안토니오는 자기 자신을 위해 어떠한 관심도 끌지 않는 사람이라는 것을 우리는 알고 있고, 총회에서도 침묵의 형제로 인식되었습니다. 그는 할 말도 없었거니와 말하고 싶은 마음도 없었습니다. 그렇기에 그의 교육 수준이나 지성, 특별한 카리스마와 사제직까지도 다른 사람들에게는 알려지지 않았습니다. 총회 막바지에 형제들이 새로운 그룹으로 나누어져 파견될 때도 안토니오를 향한 관심은 거의 없었습니다. 형제들이 다른 지역으로 파견될 때 안토니오는 이탈리아 북부 지역 혹은 로마냐 지역 책임자였던 그라지아노Graziano 형제에게 자신을 몬테파올로Montepaolo 근처에 있는 작은 은둔소에 데려가 줄 것을 청했습니다.

그 뒤 백 년 정도가 지난 후에 쓰인 사료에 따르면, 그라지아노 형제는 안토니오에게 사제 형제인지를 물었고, 그렇다는 대답을 들은 후에 안토니오를 데려가기로 했다고 합니다. 사실 1221년 당시는 그라지아노 형제가 안토니오에게 사제인지 아닌지 질문할 필요도 없는 상황이었습니다. 왜냐하면 성 프란치스코를 따르는 이 공동체는 대부분이 평형제들의 모임이었기 때문입니다. 몇몇 성직자들이 있긴 하였지만 일반적이지는 않았습니다. 형제들은 그저 형제였을 뿐입니다. 누가 성직자이거나 혹은 다른 지위에 있었다 하더라도 그들은 이런 형제적 삶에 합류한 것이었습니다. 게다가 교황이 작은 형제들에게 이동식 제대를 사용할 수 있는 특권을 부여한 1224년 이전에는 프란치스칸 은둔소에서 성체성사가 거행되지도 않았습니다. 그라지아노 형제가 안토니오에게 그 질문을 한 까닭은 혹 안토니오가 언행에서 학자적인 태도를 드러낸 것은 아닐까 하는 궁금증을 자아내게 합니다.

몬테파올로 Montepaolo

안토니오가 이미 사제였음에도 불구하고 성 안토니오의 생애에 관한 기록에 따르면, 몬테파올로 은둔소에서 필요한 사목적인 이유로 안토니오가 사제 수품을 요청받았다는 것을 보게 됩니다. 왜, 어떻게 안토니오가 다시금 서품 준비과정에 들어갔는지, 안토니오가 왜 자신의 사제직에 대한 정보를 미리 말하지 않았는지에 대해서 오늘날 우리가 아는 바는 거의 없습니다. 그러나 안토니오가 자신의 교육 수준이나 사제직을 포함한 교회 직위에 대해서 그라지아노 형제를 제외한 다른 형제들에게 조금도 내비치지 않았다는 것을 확인하게 됩니다. 이러한 모습은 1221년 성령 강림 대축일 총회에서뿐만 아니라 몬테파올로에서 지낸 내내 그러하였습니다.

안토니오의 겸손함은 끝이 없었습니다. 사제임에도 불구하고 그는 여전히 빨래나 청소, 요리 같은 가장 작은 일에 전념하였습니다. 이러한 모습은 프란치스칸 삶의 양식입니다. 교육을 받았든 받지 않았든, 사제이든 아니든 간에 그 누구도 일상 속의 작은 일로부터 예외가 될 수 없습니다.

안토니오는 몬테파올로에서 일 년 반 정도의 시간을 보냈습니다. 하지만 두 가지 면에서 안토니오에게 아주 중요한 시기였습니다. 그는 마침내 프란치스칸 영성을 살아가도록 성장할 수 있었고, 처음에 프란치스칸이 되고자 했던 그 원의도 순교에서 섬김으로 바꿀 수 있게 되었습니다. 분명 순교는 강력한 동기였지만 성 프란치스코의 가르침에 따른 프란치스칸 삶 혹은 안토니오가 추구하고자 한 삶을 살아가는 데 결정적인 요소는 아니었습니다. 대신 안토니오는 프란치스칸으로서 그가 배운 것들을 실천하고자 힘썼습니다. 이는 곧 마르코 복음 10장의 말씀인 모든 것을 포기하고 가난한 이들과 함께 가난을 살아가는 것, 마태오 복음 10장의 말씀처럼 순회 설교가로서 행동하는 것, 가난한 자로서 가난한 이들에게 복음을 전하는 것, 다른 이들에게 형제가 되기 위해서 단순하면서도 분명하게 형제적 사랑을 실행하는 것, 다른 이들의 말에 귀를 기울여 경청하고 다른 이들의 필요에 민감할 것, 온 세상을 품으면서 모든 존재가 형제자매라는 것을 깨닫는 것, 예수님이 받으시고, 들으시고, 읽으시고, 거행하시고, 증거하시면서 우리에게 보여주신 것처럼 하느님을 위해 선택하는 것이었습니다.

안토니오가 이러한 가르침을 받아들이게 된 곳이 바로 몬테파올로였습니다. 그는 침묵과 관상 속에서 하느님 신비에 자신을 완전히 개방하며 살았습니다. 단순한 마음과 형제성을 발전시키도록 도움을 준 매일의 일상 업무 외에 안토니오는 오직 한 가지만을 알고 있었습니다. 바로 하느님은 현존하신다는 것 말입니다.

이 침묵의 삶은 1222년 9월에 갑작스레 끝나게 됩니다. 이제 하느님께서는 저항하지 않고 순종하며 받아들이는 사람인 안토니오를 다시 불러 포를리Forli에서 준비 중인 사제 서품식에서 설교oration를 시작하도록 하십니다.

3 천상의 목소리

포를리Forli에서 사람들을 놀라게 하고, 그들의 마음을 사로잡은 강론은 즉각적인 반응을 불러일으켰습니다. 안토니오가 받은 말씀의 은사는 매우 강한 힘으로 사람들의 마음을 사로잡았기에 안토니오는 몬테파올로 은둔소로 다시 돌아올 수 없었습니다.

순회 설교자

포를리에서의 설교 이후로 안토니오는 수도회 차원에서 순회 설교를 하는 직무를 받게 되었습니다. 이제 안토니오는 사람들을 하느님과 교회로 인도하기 위해 장소를 이동하면서 분주한 삶을 살게 되었습니다. 자연히 은둔소에서의 평화로운 생활은 포기하게 되었습니다. 근본적으로 모든 프란치스칸은 순회 설교의 삶을 살아가기 위해서 다른 특별한 직무가 필요하지 않은 사람들입니다. 프란치스코 성인 또한 당신이 남기신 회칙에서 이 내용을 강조합니다. 하지만 안토니오의 재능은 너무나도 탁월해서 어떤 규칙에 매일 수 없을 정도였습니다. 포를리에서 안토니오는 평신도들도 할 수 있는 권고exhorte를 요청받았습니다. 안토니오는 그 나눔을 통해서 사람들이 회개하여 하느님을 섬기기를 바라면서 그리스도의 삶을 해석하는 시도도 함께했습니다. 이러한 안토니오의 모습에 사람들은 그가 학자라는 것을 의심할 여지 없이 받아들이게 되었습니다. 더욱이 안토니오는 수도회 안에서 누구보다도 교회의 가르침을 잘 알고 있었을 뿐 아니라 성직자들의 설교에 관한 규칙도 지켰습니다. 이러한 점에서 그가 진정 사제였음이 사람들에게 자연스레 드러나게 되었습니다. 안토니오는 설교에 관하여 그가 받은 특별한 은총과, 프란치스칸 순회 설교자의 삶을 조화롭게 구현하라는 직무를 받게 되었습니다.

카타리파

조금 더 살펴보면, 프란치스코가 원하고 지시했던 바를 더 깊이 알 수 있게 됩니다. 당시 이탈리아 중북부 지역과 프랑스 남부 지역에서는 무섭게 성장하는 카타리파의 가르침에 대한 위기감이 높아졌습니다. 카타리파는 교계 제도의 존재를 부정하면서 더 순수하고 영적인 교회를 요구하였습니다. 지상의 모든 것을 거부하는 한편, 교회 고위직에 있는 이들의 부패를 맹렬히 비난하였습니다. 더욱이 성사가 물질적인 표지로 드러나고 있다는 이유를 들어 성사 또한 거부하기에 이르렀습니다. 그들은 하느님께서 물질을 취하시는 방법으로 세상에 오셨다는 점을 믿지 않았습니다. 순수한 영과 영혼은 물질세계로부터 철저히 분리되어야 한다고 믿었기 때문입니다.

이러한 주장은 많은 이를 현혹했습니다. 이들이 주장하며 삶 속에서 추구했던 모습은 사람들을 현혹할 정도로 극단적이었기에 많은 사람이 이들을 따르게 된 것이었습니다. 그들이 비난했던 부유하고 막강한 권력을 가진 당시 교회도 부인할 수 없는 사실이었기에, 어떤 곳에서는 예외 없이 모두가 이들의 주장에 넘어가는 일도 생겨났습니다. 심지어 스폴레토나 다른 지역에서는 교회를 대신하는 또 다른 조직이 만들어졌고, 이 새로운 조직 안에서 새로운 주교를 뽑고 그들만의 예식을 만들기에 이르렀습니다. 이 결과로 대중적인 혼란이 생기면서 격렬한 대립 구도가 형성되었습니다. 과거의 기록에서도 알 수 있듯이 1222년부터 1228년까지 이탈리아 리미니 지역의 주교였던 성 알데브란도는 도시 전체를 카타리파가 지배하며 일어난 반란에서 간신히 피신할 수 있었습니다.

여기서 성 프란치스코가 원하며 지시했던 바를 알 수 있게 됩니다. 이는 학문적 추구를 제한하려고 했던 것이 아니라 학구적인 신학자가 지닐 수 있는 교만을 막고자 했던 것이었습니다. 이러한 교만으로부터 이단이나 잘못된 해석이 나올 수 있기 때문입니다.

첫 번째 순회 설교기:
이탈리아에서 1222년부터 1224년까지

사람들의 마음을 사로잡는 빼어난 표현법과 언어구사력을 가진 안토니오는 카타리파에 빠진 이들을 교회로 되돌아오게 하는 큰 직무를 맡기에 아주 이상적인 사람이었습니다. 안토니오는 지치지 않고 광대한 지역을 두루 다니면서 설교하였습니다. 안토니오의 설교는 너무나도 강력했던 나머지 사람들로부터 '이단자들을 부수는 망치'라고 불리게 될 정도였습니다. 안토니오는 그의 일을 소극적으로 하지 않았지만, 그가 프란치스칸이 되도록 영감을 불러일으킨 다섯 순교자의 모습과도 달랐습니다. 그들은 그리스도를 믿지 않는 이들 안에서 지나치게 강경한 태도로 그리스도를 증거하려 했지만, 안토니오는 평화롭고도 온화하게 서로의 이해를 도우면서 교회를 대표하여 설교하였습니다.

안토니오는 상황이 아주 심각했던 리미니에서 설교를 시작했습니다. 처음에는 사람들을 설교에 집중케 하기가 어려웠습니다. 하지만 그가 성공적으로 설교할 수 있었던 데에는 중요한 사건이 있었습니다. 당시 삼십오 년 동안이나 카타리파를 열렬히 추종했던 보노닐루스Bononillius라는 사람을 회심하게 함으로써 다른 이들의 귀를 열게 만든 것입니다. 가장 오래된 사료에 따르면, 보노닐루스는 카타리파의 주교 역할을 하고 있었다고 합니다. 이 사람의 회심을 보면서, 우리는 안토니오가 가장 굳건한 카타리파 일원을 설득하여 회심시킬 수 있을 정도의 초자연적인 능력을 지니고 있었음을 알게 됩니다.

이제 안토니오의 설교는 여기 리미니에서 시작하여 해안을 따라 이탈리아의 또 다른 지역인 라벤나에 이르고, 나아가 볼로냐와 밀라노까지 갔습니다. 거기서 더 나아가 피에몬테 지역의 베르첼리에까지 이르게 되었는데, 이곳에서 저명한 신학자였던 토마스 갈루스를 만납니다. 안토니오는 이탈리아 북부의 대부분 지역을 다니면서 그의 역할에 충실하였습니다.

두 번째 순회 설교기:
프랑스 남부 지역에서 1224년부터 1227년까지

1224년에 안토니오는 카타리파의 근거지라고도 할 수 있는 프랑스 남부 지역으로 파견됩니다. 이곳은 안토니오가 가기까지 몇 해 동안 계속해서 다른 이들을 파견했지만, 번번이 허사가 되었던 곳입니다. 안토니오가 파견되자, 많은 이가 그의 강력한 설교의 은사로 이곳에 퍼져있는 교회에 대한 폭력이 줄어들기를 희망하였습니다.

안토니오는 프랑스 남부 전역을 삼 년에 걸쳐 순회하며 설교하였습니다. 그가 순회 설교를 하면서 지금까지 중요한 장소로 기억되는 곳들이 있습니다. 우선 프란치스칸 형제들을 만난 장소인 아를 지역을 포함해서 가톨릭 십자군의 군사 요지인 몬트필리어, 카타리파의 중심 지역이었던 툴루즈, 안토니오가 수도원장 책임을 맡았던 르푸이, 그가 참석했던 시노드가 열린 부르쥬, 그의 설교를 듣기 위해 엄청난 인파가 모였던 리모주가 있습니다. 당시 성당에서는 안토니오의 설교를 들으려고 온 많은 사람을 다 수용할 수 없었기에 장터나 들판, 심지어는 공동묘지 같은 곳을 이용하기도 했습니다.

아를 총회, 1224년 가을

1224년 9월 29일 성 미카엘 대천사 축일에 프랑스 남부 지역의 프란치스칸 형제들은 정해진 지역에서 따로 모여 회의를 진행할 것을 명시한 1223년 회칙에 따라서 아를 지역에 모여 회의를 하였습니다. 사 년이 흘러 토마스 첼라노 형제는 다음과 같이 기록하였습니다.

또 그 총회에는 안토니오 형제도 참석했었는데, 하느님께서는 그가 성경을 깨닫도록 하시기 위해서 또한 여러 사람 앞에서 예수님에 관해 조청이나 벌집에서 딴 꿀보다도 더 감미로운 말을 할 수 있도록 하시기 위해서 그의 마음을 열어주셨다. 그가 형제들에게 열성적으로 온 힘을 다하여 "유대인들의 왕, 나자렛 예수"에 대하여 설교하고 있을 때, 위에서 말한 모날두스 형제가 많은 형제가 모여 있는 집의 문쪽을 보았다. 그런데 그는 거기에서 복되신 프란치스코가 공중에 떠올려져 십자 모양으로 양손을 뻗고서 형제들을 강복하는 모습을 똑똑히 두 눈으로 보았다. 그는 당시 모든 형제가 성령의 위로로 충만되어 있는 모습도 보았다. 그리고 그들이 느낀 구원의 기쁨 덕택으로 지극히 영광된 사부님의 환시와 현존에 관해서 들었던 이야기까지도 그들은 전적으로 믿을 수가 있는 성싶었다(1첼라노 48).

안토니오의 강렬한 설교는 여기 첼라노 형제의 표현에서만 메아리치는 것이 아니라 당시 참석한 모든 형제의 마음을 울리면서 강한 인상을 남겼습니다. 수난을 받으시는 왕이신 예수님의 현존이 그들 마음속에 타올라 어느 한 형제는 후대에 조토Giotto의 그림에서 표현했듯 프란치스코가 십가가에 못 박힌 채 두 팔을 벌리고 있는 모습을 보기에 이릅니다. 십자가 현양 축일인 9월 14일 바로 이전에 프란치스코가 오상을 받으셨음을 기억한다면, 십자가에 못 박힌 채 두 팔을 벌리고 있는 프란치스코의 모습은 더더욱 의미를 지니게 될 것입니다. 우리는 다른 어느 곳에서보다 이 사건 속에서 프란치스코와 안토니오의 특별한 관계를 볼 수 있을 것 같습니다. 안토니오의 설교 은사를 통해서 프란치스코가 실제로 다른 형제에게 보이게 된 것이기 때문입니다. 이 사건은 안토니오 생전에 기록으로 남겨졌을 뿐 아니라 안토니오가 시성되기 전에 인정된 기록이기에 특별한 가치가 있습니다.

부르쥬 시노드, 1225년 11월 30일

위에 설명한 회의들은 프란치스칸 형제들만의 모임이었지만, 부르쥬 시노드는 교회의 공식 회의였습니다. 부르쥬 대교구장이었던 사이먼 데 슐리Simon de Sully에 의해 소집된 이 회의에서는 프랑스 남부 지역 교회의 상황과 이 지역에서 일어난 문제들을 어떻게 해결할 것인지에 대한 논의가 주요 쟁점이었습니다. 이 회의가 중요한 만큼 교황 호노리오 3세가 보낸 교황 대사를 포함해서 여섯 명의 대주교, 백 명 가까운 주교와 다른 고위 성직자들 그리고 많은 수도회 대표들이 참석하였습니다. 더욱이 몬트

포르트의 아만리 가문과 툴루즈의 레이몬드 가문을 포함하여 수많은 백작과 왕자들도 참가할 정도였습니다. 하지만 이들이 사심없이 순수한 마음으로만 참석한 것은 아니었습니다. 그들이 모이게 된 이유는 자신들의 영토를 더 확장하기 위한 욕망이었습니다. 그러한 까닭으로 소집된 이 회의에서 논의된 주된 주제는, 어떻게 하면 카타리파를 불법화하여 쫓아낼지에 대한 내용이었습니다. 카타리파를 쫓아내면 그 지역의 빈자리를 자신들의 권력으로 채울 수 있기 때문이었지요. 이 시노드에 참여한 많은 사람은 카타리파를 쫓아낸 자리를 자신들의 권력으로 채울 수 있기를 바라고 있었습니다. 사이먼 데 슐리 대주교 또한 예외가 아니었습니다. 그 또한 자신의 권력을 채우고자 하는 바람을 지니고 있었습니다.

안토니오는 이 시노드에 참석한 이들의 두 가지 의도를 재빠르게 파악했습니다. 안토니오는 시노드 참가자들에게 설교하면서 대부분에게는 진심 어린 마음을 전했지만, "이제 저는 뿔 모양을 한 분에게 말씀드립니다"라면서 대주교를 향해 약간 비꼬는 표현을 쓰기도 합니다. 시노드에 참석한 이들이 이 표현을 들으며 그저 악마를 뜻하는 것으로 가볍게 여길 수도 있었겠지만, 그가 직접 주교관을 쓴 사람을 지칭했던 것을 보면 누구를 뜻했던 것인지 분명하게 알 수 있습니다.

누가 봐도 대주교를 향한 직접적인 비난이었지만 대주교는 안토니오가 전하는 내용에서 감화를 받고 깊이 후회합니다. 그 이후로 시노드는 이전처럼 어떻게 권력을 나눌 것인지 실랑이를 벌이는 모습이 아닌, 이상적인 모습으로 진행되었습니다. 시노드 마지막에 이르러 대주교는 안토니오에게 자신의 죄를 고해하였고, 더욱 하느님께 봉헌된 삶을 살아가게 되었습니다.

교회 비평가

안토니오는 가차 없는 교회 비평가로서도 이름을 떨쳤습니다. 단어는 신중하게 선택했지만, 나쁜 상황에 대해서 사탕발림을 하거나 완곡하게 표현하지 않았습니다. 안토니오는 교회의 실수에 대해서도 감추거나 사람들로부터 숨겨지는 일을 용납하지 않았습니다. 카타리파 운동이 발전하는 가장 근본적인 원인은 이 운동에 가담한 사람들이 아니라 가톨릭교회의 부패라는 점을 깨닫게 된 것입니다. 그렇기에 안토니오는 교회의 부패한 이들의 이름을 반복해 불러가면서 이들을 호되게 꾸짖었습니다. 다음의 글들을 보더라도 안토니오의 그러한 모습을 잘 알 수 있습니다.

> 오늘날 우리의 주교는 발람(이스라엘의 타락한 예언자)과 같습니다. 그는 천사들을 보는 당나귀 위에 앉아 있으면서도 제대로 보고 있지를 못합니다! 그는 무능력하고 어리석은 자로서 수치스러운 주교입니다. 자신의 나쁜 표양으로 어진 신앙인들을 처음에는 죄 속으로 밀어 넣고 다음으로는 지옥으로 집어넣습니다. 자신의 어리석음과 무지함으로 사람들을 혼란케 합니다! 자신의 인색함으로 이 어진 사람들을 파괴합니다! 나는 이러한 사람이 당나귀 위에 앉아 있으면서 천사를 바라보고 있지 않음을 분명히 말합니다. 그는 자기 자신을 지옥으로 밀어 넣고자 하는 악마를 바라보고 있습니다! 하지만 진실하게 믿고 옳은 것을 실천하는 이 단순한 사람들은 우리를 변호해주는 천사를 바라봅니다. 이들은 하느님의 아드님을 사랑하고 알아봅니다(설교집 I, 202).
>
> 성직을 매매하는 이는 비열한 사람입니다! 밤의 도둑처럼 그는 몰래 들어와서 자신에게 속하지 않는 것을 요구하니

다. 주님께 속하는 양 떼를 그는 자신의 것으로 만들고자 합니다. 그는 거룩함의 옷을 입은 채로 자신을 숨기는 도둑입니다! 그는 어린 양 떼를 장악합니다. 그는 늑대이기 때문입니다! 그는 주의를 기울이고 있지 않은 이들에게서 그들의 선을 빼앗아 가고 결국 그들의 영혼을 살해합니다!(설교집 I, 263)

악마는 산을 오릅니다. 그리고 가장 높은 영예에 오른 이들에게 다가갑니다. 이제 그는 그곳에서 세속의 헛된 영광과 호화스러움에 크게 기뻐하며 의기양양합니다. 악마는 이 두 가지를 가장 두려워합니다. 하나는 뜨거운 사랑이며 다른 하나는 가장 평범한 겸손입니다!(설교집 I, 268)

악마는 고위 성직자들에게 사람들의 영혼을 내놓을 것을 명령합니다. 악마와 세속의 통치자들은 아리스토텔레스가 자신의 우화 속에서 그려냈던 보이지 않는 늪에 빠진 어부에게 있었던 일을 그대로 하고 있습니다. 이 우화 속에서 늑대들은 어부들의 집에 와서 어떤 해를 직접적으로 끼치지 않았지만, 어부들로부터 물고기를 받아갑니다. 하지만 어부들이 물고기를 더는 주지 않자, 늑대들은 어부들이 물고기를 말리기 위해 펴 놓는 그물을 갈기갈기 찢어버렸습니다. 이러한 방법으로 교회의 고위 성직자들은 악마에게 사람들의 영혼을 내어주고 있습니다. 그리고 세속의 통치자들에게는 교회의 소중한 자산들을 내어주고 있습니다. 이런 모습으로 늑대 같은 이들의 사업이나 거래 등이 방해받지 않고 파괴되지 않게 됩니다(설교집 I, 269).

세 번째 순회 설교기:
이탈리아에서 1227년부터 1231년까지

1227년에 안토니오는 이탈리아 북부 지역으로 돌아오게 됩니다. 이는 안토니오가 이탈리아 로마냐 관구장으로 선출되었기 때문이었습니다. 안토니오는 로마냐 관구장으로서 직무를 역임하면서도 순회 설교를 계속하였습니다. 안토니오는 이탈리아의 국경 최북단에 접한 트리에스테, 이스트리아, 풀라 지역을 포함하여 위험을 무릅쓰고 순회 설교를 하였습니다. 이 지역들을 포함하여 안토니오가 순회 설교를 한 많은 지역은 무지아, 포렉, 치비달레, 게르모나, 고리지아, 우디네, 코네글리아노, 트레비소, 베네치아, 트리엔트, 리바, 베로나, 바사노 델 그라파, 밀라노, 코모, 비에노 발 카모니카, 크레모나, 브레시아, 베르가모, 바레세, 만투아, 페레라와 마지막으로 그가 머물게 된 파도바를 들 수 있습니다. 이밖에도 안토니오가 순회 설교를 한 다른 많은 지역이 있습니다. 이 시기에 안토니오는 종종 나무의 큰 가지 위에 올라가 설교하곤 하였습니다. 그가 이러한 선택을 하게 된 의미에 대해서는 알려진 바가 없지만, 적어도 그가 특별히 나무를 포함하여 하느님이 창조하신 자연에 대한 깊은 사랑을 지니고 있었다는 사실은 알 수 있습니다.

이렇게 방대한 지역을 방문했다는 자체만 보더라도 순회 설교가로서 안토니오의 생애는 경이로울 정도입니다. 그리고 프란치스칸에 걸맞게 안토니오는 모든 지역을 맨발로 걸어 다녔습니다. 이는 부유한 자의 모습으로 가난한 이에게 복음을 선포할 수 없다고 믿었던 성 프란치스코의 모습이었습니다. 안토니오가 방문한 어디에서나 많은 군중이 그를 보고자 몰려들었고, 그들은 교회의 권력 남용과 세속의 부패와 탐욕에 반대하는 올바른 성직자를 마침내 찾았음을 알게 되었습니다. 이들은 안토니오의 솔

직하면서도 명쾌한 언어에 감탄하며 바라보았습니다. 그리고 그들은 안토니오가 진정 올바른 사람임을 믿게 되었습니다. 하지만 안토니오가 늘 모든 사람에게 환영을 받았던 것은 아니었습니다. 때로는 악담을 듣는 희생을 겪기도 하였습니다.

여러 장애물과 과도한 여정에서 몸은 지치고 가끔 반대하는 이들도 만났지만, 그러함에도 안토니오는 사람들에게 변함없이 영감을 주었습니다. 하지만 이렇게 사람들을 끌어모은 힘이 그의 논쟁술 때문이라고 생각해선 안 됩니다. 그는 사람들이 진정으로 절실하게 구하고자 했던 바로 그것, 곧 하느님과 그들의 관계, 하느님에 대한 깊은 이해와 지식을 주었던 것입니다.

우리는 다음의 설교에서 쉽게 다가가기 어려운 주제인 하느님의 육화를 설명하는 안토니오의 단순하고 이해하기 쉬운 수사법을 볼 수 있습니다.

> 천사들의 빵은 아이들의 우유와 같습니다. 천사들은 스스로 아주 작게 낮추지요. 이 겸손하게 작은 이들은 와서 우리를 돌보고 우리를 위로하는 가슴으로 만족합니다(설교집 III, 5).

우유는 몸에 좋고 보는 것만으로도 즐겁습니다. 그리스도께서 그러하신 것처럼 말이죠. 그분께서는 당신의 좋으심으로 사람들을 당신께로 이끄십니다. 천사들조차도 그분을 볼 수 있기를 열망하고 있습니다(설교집 III, 5).

시간의 충만함이요! 구원의 날이요! 은총의 해입니다! 아담의 타락 이후로 그리스도께서 오실 때까지 공허함 뿐이었고 악마의 황폐함 뿐 거의 무無의 상태였습니다. 이는 고통과 나약함의 나날이었습니다. 하지만 이제 우리의 날은 충만합니다. 주님께서 우리의 시간을 당신의 강생으로 채우십니다. 이 매일의 충만함에서 우리는 모든 것을 받았습니다(설교집 III, 5).

시간의 복되신 동정녀시여, 당신께서는 찬미와 영광을 받으소서! 당신 모태의 좋으심과 당신의 가슴으로 우리는 충만함을 체험합니다. 과거의 우리는 공허했습니다. 지금 우리는 가득 채워져 있습니다. 과거의 우리는 약해 흔들렸습니다. 지금 우리는 온전히 서 있습니다. 과거의 우리는 저주를 받았습니다. 지금 우리는 축복을 받았습니다!(설교집 III, 5)

여기 좋음을 보시오! 여기 천국을 보시오! 배고픈 자여, 여기로 오시오. 구두쇠며 고리대금업자여, 여기로 오시오. 하느님보다 돈을 더 사랑하는 당신들 모두 여기로 오시오. 여기로 와서 돈 없이 구하시오. 곡창과도 같은 동정녀의 모태에서 오늘도 우리에게 가지고 오시는 이 양식을 구하시오!(설교집 Ⅲ, 6)

이분은 어떤 아드님이신가요? 하느님이십니다. 그리고 하느님의 아드님이십니다. 아들을 가진 당신보다 훨씬 더 행복하십니다. 죽을 운명인 황제의 아들을 가진 것은 가난하고 비참한 여인에게도 얼마나 큰 영광인가요? 그렇다면 하느님의 아들을 가진 동정녀에게는 이 얼마나 비할 수 없이 큰 영광인가요!(설교집 Ⅲ, 6)

아버지로부터 거룩한 본성을 받으셨고 어머니로부터 죽어야 할 본성을 받으셨네. 아버지로부터 신성을 받으셨고 어머니로부터 약함을 받으셨네. 임마누엘! 하느님께서 우리와 함께 계시다네. 과연 누가 우리를 대적하겠는가?(설교집 Ⅲ, 6)

인성은 머리의 투구이며 신성은 아래 감추어져 있는 머리일

세. 신성이 인성 아래 숨겨져 있다네. 두려워하지 말라. 우리는 승리할 것이다. 하느님께서 우리와 함께 계시다네!(설교집 Ⅲ, 6)

포대기로 싸여있고 구유에 눕혀 계신 오, 가난한 이시여! 오, 겸손이시여! 우주의 주인께서 포대기에 싸여있다네. 천사들의 왕께서 마구간에 눕혀 계시다네. 부끄러움에 얼굴을 붉힐지어다, 너 만족을 모르는 탐욕이여! 갖다 버릴지어다. 너 인간의 교만이여!(설교집 Ⅲ, 7)

영광스러운 동정녀시여, 황후이시며 우리의 여왕이신 분. 성령으로 가득 찬 채로 석탄처럼 불빛이 빛나고 계신 분. 사라처럼 하느님께서는 동정녀에게 웃음을 주신다네. 동정녀로부터 우리의 웃음도 시작된다네. 그리스도께서 태어나신다. 그래서 우리는 웃을 수 있다네. 복되신 동정녀와 함께 기뻐하세. 하느님께서 우리에게 웃음을 주신다네. 그분께서 웃을 이유를 주신다네. 기뻐하세!(설교집 Ⅲ, 9)

두 가지를 기억 속에 담아두어야 하네. 바로 겸손과 가난을. 마음속과 손안에 이 겸손과 가난의 표시를 지니는 자는 행복하다네. 이 표시를 증거하고 이에 따라 행동하는 자는 행복하다네. 그는 발견할 것이네. 흔들리는 지혜를, 약해지는 힘을, 패기 없는 장엄함을, 헤아릴 수 없는 것들이 작아지고 부자들은 가난해진다는 것을. 천사들의 영역을 주재하는 분이 마구간에 눕혀 계시다네. 짐승들의 건초는 천사들의 식사라네! 이름하여 무한하신 분께서 좁은 구유에 눕혀 계시다네(설교집 III, 10).

성 프란치스코에게서
신학 교수로 임명된 안토니오

위 강생의 신비에 대한 안토니오의 설교를 나눈 데는 특별한 목적이 있습니다. 이 내용을 보면, 하느님께서 인류에게 당신의 사랑을 드러내시는 논리는 우리가 보고 만질 수 있는 모습입니다. 이 하느님의 논리, 곧 우리가 신학(theology: theo < 하느님> - logic <논리>)이라고 일컫는 이 하느님 논리가 바로 아씨시의 성 프란치스코가 1223년 그렉치오에서 구유를 꾸밈으로써 자신의 모든 감각으로 온전히 발견하고 이해하고 싶었던 것입니다. 성 프란치스코는 안토니오의 강렬한 설교에 대해서 듣고, 또 안토니오의 설교가 아주 깊은 신학적인 근본을 이루고 있음을 알게 되면서 안토니오를 형제회의 첫 번째 신학 교수로 임명하게 됩니다. 당시에 성 프란치스코의 이러한 결정은 굉장히 이례적이라고 할 수 있습니다. 왜냐면 성 프란치스코는 자신의 형제체 안에서 어떤 형태의 신학적이거나 학문적인 자리도 거부한 것으로 알려져 있었기 때문입니다. 사실 1220년 형제회에 입회하기 전에 법학 교수였던 베드로 스타시아 형제가 형제들의 교육을 위한 공간을 크게 짓자, 프란치스코가 엄청나게 화를 내며 꾸짖었음을 기억하더라도 그렇습니다. 그러나 이와 반대로 프란치스코가 안토니오를 신학 교수로 받아들이는 데는 어떤 망설임도 없어 보입니다. 어느 시점에 프란치스코는 형제들의 학업에 대한 필요성을 느끼게 되었을 것입니다. 그리고 안토니오를 신학 교수로 임명하는 편지를 살펴보면, 프란치스코는 안토니오가 신학을 가르치는 데 따라야 하는 조건을 매우 분명하게 제시합니다.

다행히 그 임명장은 오늘날까지 남아있습니다. 이 편지에서 1223년 11월 29일에 인준된 회칙을 언급하는 것을 보면, 이 임명장은 1224년 초에 쓴 것으로 추측됩니다. 안토니오에게 쓴 편지는 다음의 내용과 같습니다.

> 나 프란치스코 형제가 나의 주교인 안토니오 형제에게 인사를 전합니다. 회칙에 쓰여 있듯이 기도와 신심의 정신을 꺼뜨리지 않는 한 형제가 거룩한 신학을 형제들에게 가르치는 것은 나의 기쁨입니다.

얼핏 보기에 편지의 내용은 많은 이의 기대에 미치지 못합니다. 두 성인의 관계가 가깝고 친밀해 보이지 않기 때문입니다. 저자와 수신인이 가까운 관계라고 단정지을 수 있는 어떤 내용도 없습니다. 더욱이 인사말은 우리를 당혹스럽게 합니다. 주교라고요? 안토니오는 주교가 아니었고 직위로는 평범한 사제였습니다. 토마스 첼라노를 포함해서 초기 사료들에 따르면, 편지글 안의 주교 호칭은 프란치스코가 직접 한 것입니다. 혹시 다른 편지의 내용을 따라 쓰는 경우일지라도 그가 주교로 드러나기를 원하지 않는다면 그런 표현은 쓰지 않았을 것입니다. 그렇다면 프란치스코가 안토니오를 주교라고 부른 것은 과연 무슨 뜻일까요? 단순히 비꼬거나 혹은 장난스럽게 표현하려고 그렇게 말했을까요? 그렇다면 우리는 프란치스코가 "안토니오 형제, 형제는 마치 로마냐의 주교처럼 행동하는구려! 부탁하건대 다른 무엇보다도 더 진정한 작은 형제가 되어주시오. 또 형제가 형제들에게 참된 신학을 가르침으로써 형제회 안에서 무엇을 할 수 있는지 보여주시오"라고 안토니오에게 말하는 것처럼 생각할 수도 있습니다.

아니면, 프란치스코가 자신을 낮추어서 존경하는 태도를 지녔다고 생각하는 것이 더 그럴법하지 않을까요? 프란치스코가 신학에 대해 지녔던 자세는 그가 하느님의 말씀이나 성체성사를 향해 지녔던 자세와 같았습니다. 프란치스코가 생각하는 신학이란 하느님의 말씀과 성직자, 성체성사가 본질적으로 깊이 연결된 관계라는 점을 말합니다. 이렇게 "영과 생명"을 주는 신학이 없다면 그 어떠한 말도 효과가 없을 것입니다. 말씀이 없다면 성체성사도 없고, 또 말씀이 없다면 성직자도 없으며, 그 반대도 마찬가지일 것입니다. 참고로 1215년에 열린 제4차 라테라노 공의회에서는 주교 자신을 통해서나 혹은 다른 이들을 통해서나 주교의 하느님 말씀 선포에 대한 중요성을 강조했습니다. 이러한 점에 비추어서 프란치스코는 이런 의도로 말을 했을 것 같습니다. "안토니오 형제, 형제는 주교의 역할을 하는 매우 중요한 자리에 서 있습니다. 그리고 형제는 참으로 많은 업적을 이루고 있으니 형제는 명예 주교 칭호를 받아도 무방합니다."

안토니오의 신학적 방법

프란치스코가 안토니오에게 신학을 가르쳐도 된다는 허락을 준 이면에는 몇 가지 분명한 조건이 있습니다. 형제들에게 가르치는 신학은 하느님과 개인의 관계를 존중하면서 기도의 정신을 발전시키는 것이어야 하고, 또 완전한 헌신을 중심에 두는 프란치스칸 삶의 관점을 심화시켜야 한다는 점입니다.

그렇다면 어떠한 신학이 요구되는 것일까요? 분명 지속적이고 체계적으로 성경을 읽는 것이 가장 근본적인 요소였습니다. 초기 사료를 통해서 우리는 안토니오가 사용한 방법론에 대해 더욱 정확한 정보를 알 수 있습니다. 안토니오는 성경 주해에 관해서 그가 코임브라에서 배웠고, 당시 교회 학자들이 일반적으로 사용했던 네 단계의 성경 해석 방법을 사용했습니다.

첫 번째 단계는 본문의 역사적인 의미를 이해하고 특정한 구절이 어떤 의도로 쓰였는지를 알려고 했습니다. 그에게는 단어나 이름에 대한 어원 조사가 본문 속 특정 구절이나 사건을 둘러싸고 있는 역사적 상황을 연구하는 것보다 더 중요했습니다.

역사 비평적 방법과 어원학적 방법의 차이는 다음의 예시를 통해 더 잘 이해할 수 있습니다. 루카 복음에서 카이사르 아우구스투스는 예수 탄생 시기의 상황을 기술하는 구절에 나오는 이름입니다. 현대의 성경 해석학에서는 이 황제가 누구였고, 성경적 관점에서 그가 어떻게 보이는지를 질문합니다. 그들은 이 황제의 권력이 어느 정도였고 어떤 평화정책을 취했는지, 또 그가 내린 인구 조사령에 관한 법에 대해 말할 것입니다. 성경에서 인구조사는 지도자의 가장 심각한 위법행위 중에 하나로 비판을 받습니다(2사무 24, 1.역대 21). 예수님 성탄 이야기에 관한 진정한 역사적 해석은 인구조사를 통해 사람들을 확보하고 통제하기를 원했던 황제와 여관방 하나를 얻지 못한 아기 사이에 드러나는 모순되는 내용을 보여주어야 합니다.

하지만 어원학적 방법으로 말씀을 해석하고자 했던 안토니오에게 카이사르는 '소유하고 있는 사람'이었고, 아우구스투스는 덕망 있는 사람이었습니다. 하느님께서 설교가를 통해 당신의 '칙령'을 내려 사람들이 회개하고 용서하며, 고위 성직자들을 통해서는 당신의 '통칙'을 세우시는 것처럼 아우구스투스 황제 또한 자신의 칙령을 내리고, 통칙을 세우는 자의 모습을 보여줌으로써 이제 그를 하느님 앞에 마주 선 이로 해석합니다. 이렇게 어원에 담긴 뜻 외에 당시의 시대상은 성경 주해 방법에 포함하지 않았습니다. 그래서 안토니오는 호구 조사법에 관한 성경 비판적인 관점은 살펴볼 생각도 하지 않았습니다. 그의 해석 방법에서 마지막에 남는 것은 교회와 사회 질서를 지탱하는 종교의 모습입니다. 그렇다고 종교가 인간 존엄성에 대해 책임져야 한다는 뜻으로 여긴다면, 이는 착오입니다. 현실 세계에 개입하려는 의도에서의 육화는 그 어디에서도 찾을 수 없습니다. 사실 안토니오가 가장 자주 인용한 책은 놀랍게도 『세비야의 성 이시도르 어원학』입니다. 광범위한 성경 지식과 교부들과 철학자들을 수없이 인용하는 것을 통해 안토니오의 폭넓은 지식을 알 수 있습니다.

성경 주해의 두 번째 단계에서는 성경 본문이 신앙에 어떤 도움을 주는지 살펴보았습니다. 그래서 성경을 하느님의 말씀으로 이해해야 하고, 읽는 사람이든 듣는 사람이든 신앙인으로서 하느님과 대화해야 한다고 말했습니다.

세 번째 단계에서는 성경을 읽는 사람은 성경 본문을 통해 변화된다고 인식했습니다. 그래서 안토니오는 성경을 읽는 사람은 그 부분을 원칙으로 삼아 그 감미로움에 스며들 수 있어야 한다고 했습니다.

마지막 네 번째 단계는 성경 본문이 천사들의 충만한 기쁨과 축복으로 이어짐을 보여주고, 읽는 이의 성경 이해가 천상으로 연결되어 미래와 또 그 너머로 이어지는 것을 드러냄으로써 말씀의 충만한 효과를 불러일으켰습니다. 안토니오는 성경 구절의 이러한 연결을 통해서 하느님을 지상에서 처음으로 지각할 수 있다고 믿었습니다.

신학 교수 안토니오

자신의 모든 연설이나 설교에서 이러한 신학적 방법론을 도입하면서 안토니오는 신학 교수의 역할을 이행하였습니다. 비록 짧은 시간이었지만 볼로냐, 툴루즈, 몽펠리에와 마지막 파도바에 이르기까지 안토니오는 대학교가 아닌 공개된 너른 장소에서 신학 교수로서 활동하였습니다.

순회 설교를 할 때 안토니오는 신학 영역에서 새로운 의견에 개방적인 모습을 보여주었습니다. 이에 대한 증언은 13세기 안토니오의 생애를 기록한 전기를 통해서 알 수 있습니다. 이 문헌에서 말하기를, 안토니오는 같은 프란치스칸이자 13세기의 위대한 신학자 중의 하나로 꼽히는 마르쉬의 아담Adam of Marsh과 함께 서양 신학에 가장 근본적인 영향을 끼친 신학자로 평가되는 성 디오니시오의 업적을 함께 연구했다고 합니다. 그리고 당시에 성 디오니시오의 "신적 가르침"을 대표하는 중요한 인물 중 하나로 베르첼리 수도원장인 토마스 갈루스Thomas Gallus의 강의에 안토니오가 여러 차례 참석하면서 이 둘 사이의 우애 또한 깊어집니다. 토마스 갈루스는 다음과 같은 기록을 남겼습니다. "나의 좋은 친구인 작은형제회의 안토니오 형제는 신비 신학을 배우고자 온 열의를 다하여 많은 발전을 이루었기에, 요한 세례자에 대해서 '그는 자신의 좋은 모범을 통해서 타오르며 빛을 내는 등불이었다'라고 말하듯이 나는 안토니오에 대해서도 그렇게 말할 수 있다."

신학 교수로서 안토니오는 교회뿐 아니라 수도회의 신뢰도 듬뿍 받았습니다. 성 프란치스코의 죽음 이후 회칙 해석에 대한 문제들이 처음으로 불거졌을 때 형제들은 안토니오에게 도움을 청했습니다. 1230년 5월 25일에 열린 수도회 총회에서 형제들은 프란치스코가 작성한 첫 번째 회칙의 해석에 관하여 형제들 안에서 합의점을 찾지 못했고, 결국 교황청의 중재를 요청하였습니다. 교황님은 파도바의 안토니오를 포함하여 자질이 뛰어난 형제들로 이루어진 위원회를 구성하여 회칙을 해석할 것을 명하였습니다. 그리고 마침내 이 위원회에서는 1230년 9월 28일에 '교황 회칙 해설서'라고 일컬을 수 있는 문헌(쿠오 엘롱가티Quo elongati)을 결정하게 되었습니다. 이렇게 파도바의 안토니오는 이 위원회에 참석하여 아씨시의 성 프란치스코의 후계자들과 함께 회칙에 대한 그의 헌신을 나누었습니다. 동시에 자신의 신학적 권위를 잘 활용하여 프란치스칸 수도회의 역사에서 매우 중요한 역할을 맡았습니다.

이러한 배경에서 안토니오와 교황 그레고리오 9세의 우정도 발전하게 되었습니다. 그레고리오 9세는 안토니오의 시성 과정에서 그를 개인적으로 알고 있음을 언급하며, 다음과 같은 기록을 남겼습니다. "우리는 안토니오의 거룩한 삶과 그의 훌륭한 행적들을 알고 있었습니다. 안토니오는 우리와 함께 같은 시간을 살았기 때문입니다." 그레고리오 교황은 안토니오를 '계약의 궤' 혹은 '약속의 보물 창고' 같은 표현으로 부르곤 하였는데, 이미 안토니오를 교회 박사로 칭할 것을 예고하는 것처럼 들립니다. 안토니오는 1946년 1월 16일 교황 비오 12세에 의해서 '교회 박사(복음적 박사)' 칭호를 받게 됩니다.

1228년 안토니오는 교황청에서 설교하면서 아주 깊은 인상을 남기게 되었습니다. 이에 교황 그레고리오 9세는 안토니오에게 『주일과 축일 설교집』을 저술할 것을 요청하여 약 2년 후에 완성하게 되었습니다. 이 작업을 마친 뒤에 안토니오는 교황의 조카이며, 나중에 교황으로 선출

된 리날도Rainald 추기경의 요청으로 『성인 축일들을 위한 설교집』을 저술하기 시작했습니다. 그러나 안타깝게도 안토니오가 1231년 6월 죽음을 맞이하면서 이 설교집의 절반 정도만 마칠 수 있었습니다.

안토니오의 설교집은 두툼한 세 권의 책으로 우리에게 전해지고 있습니다. 안토니오의 강렬한 설교에 비교하면, 이 설교집은 단순하게 느껴지기도 합니다. 이 설교집에 포함된 여러 부분은 안토니오의 신학 강의이기도 하고, 또 설교집이 저술된 시기의 신학 사조와 보조를 맞추는 학문적 성격이 짙어서 독자들에게 그의 열정을 생생히 전해주지는 못할 것입니다. 그런데도 이 위대한 작품 속에 담겨있는 성 안토니오의 가르침은 세대를 거듭하며 이어지고 있습니다. 이 위대한 작품 속에 보물 상자들이 묻혀있습니다. 특히 영성과 신비주의 영역에서는 더욱 그러합니다.

안토니오와 성 프란치스코

프란치스칸 수도회의 역사에서 안토니오는 대단히

중요한 위치를 차지합니다. 특히 회칙 해석의 전문가로서 그의 공헌은 단순히 그 일에 들인 시간이나 내용만을 잣대 삼아서는 제대로 평가할 수 없습니다. 우리는 안토니오의 공헌이 실로 대단했음을 추정할 수 있습니다.

이미 우리는 프란치스코와 안토니오가 서로 잘 알고 지내는 관계가 아니었다는 것을 이야기했습니다. 우리가 어림짐작하기로 그들이 형제애를 발전시킬만한 시간이 없었으리라고 할 수도 있고, 혹은 기본적으로 성향이 매우 달라서 친해지기 어려웠으리라고 할 수도 있을 것입니다. 하지만 이런저런 다름이 있을지라도 프란치스칸으로서 각별한 친밀함을 지녔을 것이라고 우리는 말할 수 있습니다.

1221년 돗자리 총회에서 안토니오가 분명히 프란치스코를 보았으리라고 짐작할 수 있지만, 어느 정도까지 그들이 소통하였는지는 알 수 없습니다. 안토니오가 수동성의 원칙과 침묵의 삶을 실행하는 사람이었기에 프란치스코를 포함한 다른 형제들과 소통이 많지 않았으리라고 추측할 수 있습니다. 그러나 1223년과 1224년 안토니오를 주목할 수밖에 없는 상황이 되었습니다. 사실 안토니오는 프란치스코에게 "갑자기 나타난" 그런 존재였습니다. 볼로냐의 형제들이 프란치스코에게 안토니오를 신학 교수로 임명할 것을 요청했기 때문입니다.

안토니오의 설교집을 보아도 "프란치스코"라는 이름이나 "프란치스칸"이라는 용어가 등장하지 않습니다. 안토니오의 생애에서 "프란치스칸"은 그가 어떻게 살았고, 무엇을 선포했는지에서 가장 명확하게 드러납니다.

수도회 부총장

앞서 기술한 대로 1224년에 열린 프랑스 남쪽 지역 총회에서 안토니오는 매우 인상적인 설교를 하게 되었습니다. 이제 우리는 안토니오가 이 총회에서 설교하게 된 이유가 사람들의 마음을 사로잡는 매력적인 설교가였기 때문인지, 아니면 그가 수도회에서 그러한 직위에 있었기 때문인지에 대해 질문하게 됩니다.

확실한 것은 안토니오가 같은 해에 푸이Puys 지역에서 수호자(수도원장)의 직무를 수행하였다는 점입니다. 안토니오는 프란치스코의 바람대로 '권력의 논리'에 따라 형제들과 관계를 맺지 않고 참된 봉사와 헌신의 논리로 형제들과 소통하였습니다. 안토니오의 보살핌 속에서 생활했던 형제들은 안토니오의 그러한 봉사를 체험하며 평안한 삶을 살아갈 수 있었습니다.

1226년에 안토니오는 리모게스Limoges 지역에서 쿠스토스 Custos(보호구/보호자)가 되었습니다. '쿠스토스'라는 용어는 오늘날 과거보다 제한적으로 사용하기 때문에 그 성격이 다소 애매할 수 있습니다. 이 용어는 수호자의 의미와 비슷하나 수호자는 고정된 수도원에서의 역할이지만, 쿠스토스는 지역적으로 더 넓은 범위의 수도원들을 방문하면서 형제들을 보호하고 보살피는, 또 다른 "수호자"의 역할이라고 할 수 있습니다. 안토니오는 이 공동체들 사이의 연결고리를 만들었을 뿐 아니라 지역 공동체들의 소통을 위한 장치들을 체계화했습니다.

1226년은 프란치스칸 역사에서 아주 중요한 해입니다. 10월 3일 사부 프란치스코는 육신에 오상을 입은 채로 죽음을 맞이했습니다. 수도회 전체는 엘리아Elias형제가 쓴 부고를 통해 이를 전해 받았습니다. 수도회 창설자의 죽음으로 인해 형제들은 새로운 지도자를 결정하고자 다음 해인 1227년 성령 강림 대축일에 아씨시에 모여 총회를 열었습니다. 그 결과, 놀랍게도 예상되었던 엘리아 형제가 아니라 요한 파렌티John Parenti 형제가 새로운 수도회 총장으로 선출되었습니다.

파도바의 안토니오 형제의 운명 또한 이 총회에서 결정되었습니다. 안토니오는 로마냐Romagna 지역의 관구장으로 임명되어 이탈리아 북부 전체 지역을 총괄하는 책임을 맡게 되었습니다. 안토니오는 이 새로운 직무를 수행하는 차원에서 각각의 모든 공동체와 모든 형제를 만나야 했습니다. 그리고 세심한 주의를 기울여 형제들의 필요를 충족시키기 위한 최선책을 찾아야 했습니다. 이 직무는 격려와 위안이 요청되는 자리였으며, 새로운 가능성을 펼칠 수 있는 역할이기에 결단력과 리더십도 요청되는 자리였습니다. 1228년 안토니오는 자신의 거주지로 파도바Padua를 선택하였습니다. 파도바는 안토니오가 가장 친밀감을 느낀 도시였고, 마찬가지로 파도바도 안토니오와 가족의 유대를 느끼게 되었습니다.

안토니오는 1230년 관구장으로서 수도회 총회에 참석하기 위해 아씨시에 돌아왔습니다. 이때는 성 프란치스코가 휴식을 취했던 산 제오르지오San Giorgio에서 그의 유해가 이장되던 시기였습니다. 성인의 유해를 보고자 많은 군중이 모여들어서 예정되었던 거룩한 행렬은 불가능하게 되었습니다. 결국 성 프란치스코의 이장은 군중들에게 공개되지 않고, 비공식적으로 이뤄졌습니다. 많은 군중으로 인해 일어난 이 광경에 안토니오는 충격을 받았겠지만, 이와 비슷한 상황이 자신의 장례식에서도 일어날지는 몰랐겠지요.

이 총회에서 성 프란치스코의 회칙 해석에 관련하여 교황 그레고리오 9세에게 조언자 역할을 할 위원회에 안토니오를 포함하게 됩니다. 이 총회는 안토니오에게 큰 자유를 가져다주었다고 할 수 있습니다. 이전까지만 해도 안토니오는 순회 설교자로, 신학 교수로, 수도회 부총장으로 많은 직무를 수행해야 했습니다. 그러나 이 총회를 통해서 안토니오는 자신의 진정한 소명이 무엇인지 깨닫게 되었습니다. 이는 오직 순회 설교자로 봉사하는 것이었는데, 총회에서도 이를 허락했습니다.

1230년 총회에서 안토니오에게 주어진 자유는 예측할 수 없는 역동적인 상황들을 불러일으켰습니다. 그는 다시금 수많은 군중이 자신을 보기 위해 모이는 장소들을 방문하는 여정을 시작했습니다. 안토니오는 이 여정이 어디까지 일지 몰랐지만, 그래도 한 가지는 분명히 알고 있었습니다. 이 여정은 자신을 영적인 절정, 곧 하늘나라로 이끌리라는 것을 말입니다.

1231년의 사순 시기

1231년 사순 시기에 안토니오는 교회의 진정한 의미를 생각하게 되었습니다. 안토니오는 사순 시기를 공적인 행위로 변화시켰습니다. 그가 말하기를, 사순 시기는 침묵 속에 피정을 하는 개인만의 시간이 아니라 공동체 모두의, 도시 전체의 공적인 시간이라는 것입니다. 그래서 안토니오는 도시의 정치 지도자들뿐만 아니라 주교와 사제들 모두가 이러한 의미의 사순 시기를 보내도록 움직이게 합니다. 이 일이 일어나기 전에 안토니오는 이미 교황으로부터 그렇게 하도록 허락 내지는 요청을 받지 않았나 추정됩니다.

안토니오는 심각한 육체적 과로에도 불구하고 사순 시기 동안 모든 사람이 자신의 설교를 들을 수 있도록 매일 다른 성당에서 설교하기를 원했습니다. 당시 안토니오는 천식과 수종 등의 질병으로 몸이 심하게 부어올랐고, 정상적인 생활이 불가능할 정도로 심각한 고통에 시달리고 있었습니다.

사순 시기 초반에 안토니오는 밤마다 질식에 가까운 고통을 겪어야 했습니다. 그의 가장 오래된 전기들을 보면, 이 상황을 질병으로 바라보기보다는 교활한 악마가 잠자고 있는 안토니오에게 다가와 목을 조르며 공격한 것으로 기록되어 있습니다. 의학적인 관점에서 바라본다면, 이는 폐부종이나 천식의 영향으로 판단할 수 있을 것입니다. 안토니오는 이러한 어려움을 성모님께 호소함으로써 극복했다고 합니다. 안토니오가 이 방법으로 신체적인 어려움을 어느 만큼 극복했는지는 모르지만, 질병의 심각성에 대해서 잘 알고 있었던 것 같지 않습니다.

안토니오는 자신의 생애에서 가장 큰 업적을 달성하게 됩니다. 이는 사순 시기의 모든 사람에게 훌륭한 귀감이 되는 것이었습니다. 안토니오는 엄격하게 단식재를 지켜서 하루에 소량의 한 끼만을 먹었습니다. 이는 신앙생활에서 단식이야말로 자유를 얻게 하고, 새로운 시각을 열어주며, 살아계신 하느님의 말씀이 들어오기 위한 길을 마련해주는 방법으로 여겼기 때문입니다. 안토니오는 깊은 묵상 중에 이를 깨닫고, 도시의 모든 사람과 이 기쁨을 나누고 싶어 했습니다.

안토니오는 자신을 하느님 말씀의 봉사자로 여겼습니다. 파도바에서 그의 설교는 흔하게 볼 수 있는 광경이었는데, 안토니오는 사순 시기 동안 자신의 설교를 듣는 사람들에게 매일 새로운 성당을 방문할 것을 권고하였습니다. 당시 파도바에는 성당이 쉰다섯 곳이나 있었는데, 매일 새로운 성당을 방문함으로써 사람들이 주교좌 성당에서 부활절을 맞이할 때 진정 해방된 마음으로 "알렐루야"를 외치도록 하기 위함이었습니다.

하지만 오래지 않아 이 계획은 불가능하다는 것을 알게 되었습니다. 왜냐면 많은 성당이 이렇게 한꺼번에 모여드는 군중을 수용하기에 너무나도 작았기 때문입니다. 그래서 성당이 아닌 공원이나 광장, 공연장 같은 곳에서 모이게 되었습니다. 참고로 이 공연장은 오늘날 스크로베니 성당이 있는 곳으로 당시 삼만 명에 가까운 사람이 모였다고 합니다.

당시 기록에 따르면, 사람들이 안토니오의 설교를 듣기 위해 미리 준비했다는 것을 알 수 있습니다. 군중은 안토니오의 설교를 놓칠까 염려하여 미리 침구류를 준비하고 텐트까지 쳤다는 기록을 볼 수 있습니다. 오늘날의 유명 인사처럼 안토니오에게도 경호원들이 동반되었습니다. 경호원들은 젊은 남자들이었고, 밀려드는 군중으로부터 안토니오를 보호하고, 안토니오가 걸을 수 있도록 통로를 만들어주었습니다. 모든 사람이 안토니오에게 손을 대려고 했고, 그럼으로써 축복을 받은 것으로 여겼습니다. 여성들은 안토니오의 수도복을 조금이라도 잘라 가고자 날카로운 도구들을 가져오기도 했습니다.

이 시기의 안토니오에게는 많은 사람에게 설교하는 것만이 전부가 아니었습니다. 안토니오는 극도로 바쁜 시간을 보냈습니다. 아침 일찍 두 시간 정도 진행되는 설교를 마치고는, 이어서 다른 형제들과 함께 신자들을 상담하거나 고해성사를 집전하였습니다. 또 여러 사람을 방문하였는데, 특히 갈등 관계에 있는 사람들을 중재해서 평화로운 해결책을 제시하였습니다. 또 법적이고 정치적인 사안들에서 조정이 필요할 때면 자주 요청을 받곤 하였습니다. 이렇게 사순 시기 동안 안토니오는 매우 바쁜 하루하루를 보냈고, 쉼의 시간은 거의 없었습니다.

여담이지만, 안토니오는 설교와 고해성사가 하나라고 믿었습니다. 그는 설교하는 사람은 누구나 이를 마음에 새겨야 한다고 믿었지요. 그리고 설교를 듣는 사람들은 새로운 시작을 갈망하면서 삶의 새로운 시각을 갖기를 원한다고 생각했으며, 이는 두 가지 방법으로 가능하다고 느꼈습니다. 하나는 자신의 잘못을 인식할 필요성이 있어야 한다는 점이고, 다른 하나는 하느님의 용서를 갈망할 필요성이 있어야 한다는 점입니다. 그렇기에 고해성사를 집전하는 것이 긴 설교를 하는 것만큼이나 중요하다고 여긴 것입니다. 참고로 안토니오가 이렇게 고해성사를 베풀 수 있었던 것은 이전에 허락을 받았기 때문일 것입니다. 왜냐면 정해진 고해 사제에게만 고해했던 당시의 관습을 깨뜨렸기 때문입니다.

안토니오는 사순절을 위해 사람들을 준비시켰지만, 사실 그의 이런 사순절 행위들은 사순 시기를 뛰어넘어 신자 생활의 많은 부분을 변화시키게 됩니다. 그는 또한 여러 재소자를 석방시키는 역할을 하기도합니다. 어떤 특정 범죄에 대한 사면과 용서에 안토니오가 도움을 주게 되었기 때문입니다. 그는 나아가 파산하거나 빚에 허덕이는 사람들을 가두지 못하게 하는 법률을 입안하기도

했습니다. 1231년 3월 17일의 어느 문서에서 다음과 같은 내용을 찾아볼 수 있습니다. "작은형제회의 고해 사제이며 존경하는 형제인 거룩한 안토니오의 요청에 따라서 이제부터 어떤 채무자나 시민들이 파산에 처했을 때 개인의 자유를 빼앗지 못한다. 그러한 상황의 사람들은 자신의 재산에 관해서는 법적 책임이 있지만, 신체의 자유에서는 그러지 아니하다." 안토니오는 어쩔 수 없이 자신의 몸을 팔게 된 매춘부들에게도 깊은 연민을 느끼고 있었고, 그들을 도와 운명으로부터 자유롭게 하고자 노력하였습니다.

안토니오는 어떻게 복음을 선포해야 하는지 분명히 이해하고 있었습니다. 그는 복음선포를, 개인이 내적으로만 이해하는 데 그치지 않고 세상에 두루 영향을 미치도록 하는 책임감으로 이해하고 있었습니다. 설교가이자 신학자로서 안토니오는 단순히 개개인의 영혼 관리인이라기보다 사회와 세상 그리고 역사에 일종의 의무감이 있었던 것입니다.

정치적 임무

여기서 우리는 종교가 실제로 무엇을 의미하는지 생각해보면 좋겠습니다. 종교는 그저 우리의 현실과 평행을 달리면서 상관하지 않는 고립된 것일까요? 종교가 모든 힘과 기운을 잃을 위험에도 불구하고 오직 내적인 삶에만 국한되어 있을까요? 오늘날 우리의 모습처럼 말입니다. 그러나 종교는 외부 세계와 내부세계를 연결하여 육화하신 하느님께로 이끌어주는 것입니다.

이는 설교가이자 신학자인 안토니오의 사상과 말씀 봉사와도 정확히 일치합니다. 곧 신앙은 모든 이를 육화하신 하느님께 이르게 하는 방법이며, 우리는 다양한 신앙 실천을 통해서 다다를 수 있다는 것입니다.

이러한 이유로 안토니오는 사순 시기가 끝나갈 무렵 파도바에서 그에게 맡긴 일을 거절할 수 없었습니다. 그는 기운이 거의 소진되어감에도 불구하고 베로나로 떠나게 됩니다. 베로나에는 에첼리노Ezzelino라는 악랄한 폭군이 있었는데, 그는 독재를 시작하면서 이전의 군주인 산 보니파치오의 리카르도 백작을 자리에서 끌어내려 감옥에 가두었습니다. 리카르도의 가족과 친구들은 파도바로 도망을 친 상황이었습니다. 안토니오의 임무는 에첼리노에게 가서 리카르도 백작에게 관용을 베풀도록 청하는 것이었습니다.

이 임무에 대해 더 알아보기 전에 먼저 알아야 할 정보가 있습니다. 에첼리노의 형제인 알베리히Alberich 또한 악랄한 폭군으로서 비첸차Vicenza 지역을 통치하고 있었습니다. 이 가문에 의한 정치적 권력의 집중은 소위 롬바르디아 동맹Lombard League이라고 불리는 기초를 세우게 됩니다. 이 롬바르디아 동맹은 파도바, 밀라노, 볼로냐, 브레시아, 만토바, 트레비소 그리고 비첸차 지역을 연합하는 성격을 지닙니다. 하지만 이제 에첼리노의 개입으로 비첸차는 동맹에서 벗어나게 되었지요. 이런 까닭으로 리카르도를 자유롭게 풀어주고, 롬바르디아 동맹과 에첼리노 사이의 긴장을 완화하려 했던 안토니오의 임무는 아주 중요한 것이었습니다. 그러나 안토니오의 임무는 완전히 실패하였습니다. 결국 아무것도 이루지 못했습니다. 넉 달이 지난 후에 다른 누군가가 리카르도를 감옥에서 탈출시켰지만, 에첼리노는 파도바를 무력으로 통치함으로써 복수하였습니다.

이 역사적인 사실과 반대로 후대의 이야기에서는 안토니오의 실패를 성공으로 바꿔놓으면서 악랄한 에첼리노를 회심한 그리스도교인으로 묘사하고 있습니다. 그러나 실제로 에첼리노는 여전히 잔혹한 폭군으로 남았고, 십 년 동안 밀라노의 지하 감옥에 갇혀있다가 1269년 10월 1일 비참한 죽음을 맞이했습니다.

1231년 오월 하순, 안토니오는 임무에 실패하고 집으로 돌아오는 길에 파도바 교외의 비탈진 산길에 잠시 멈추어 섰습니다. 안토니오는 자신 앞에 펼쳐진 고원을 바라보며, 그 풍경을 통해 스며드는 은총에 감탄하였습니다. 그리고 성 프란치스코의 '태양의 노래'처럼 파도바를 향한 감동적인 내용을 노래하기 시작했습니다. 그는 자신을 동반했던 형제에게 파도바는 곧 큰 영예를 얻을 것이라고 말했는데, 이는 참으로 당혹스러운 표현이기도 합니다. 왜냐면 임박한 자신의 죽음과 이어질 시성식을 예고한 것이기 때문입니다. 사실 파도바는 비유적으로 말하자면, 안토니오로 인해서 더 높은 수준의 도시로 격상된 것이기도 합니다. 안토니오의 연대기를 저술한 엘레모시나 Elemosina 형제는 "안토니오의 가르침과 기적들을 통해서 파도바는 전 세계에 알려지게 되었다"고 기록하였습니다.

캄포삼피에로Camposampiero의 호두나무 꼭대기에서

사순 시기 동안 안토니오가 보여준 모범과 베로나의 실패 체험을 우리는 기억하였습니다. 안토니오는 이제 완전히 지친 상태였습니다. 그래서 안토니오는 파도바에서 약 8마일 정도 떨어진 캄포삼피에로에서 조용히 쉴 수 있기를 바랐습니다. 티소 4세Tiso IV라는 영향력 있는 백작이 있었는데, 그는 안토니오의 설교로 인해 개종하고는, 캄포삼피에로에 있는 자신의 땅을 내주어 프란치스칸들이 머물 수 있도록 도움을 준 은인이었습니다. 또 프란치스칸 형제들이 기도와 신심의 삶을 살도록 은둔소도 지어주었습니다. 안토니오는 여기에서 쉬는 한편, 성인 축일 설교집을 완성하고자 했습니다. 안토니오가 이곳에서 머무는 동안 티소는 안토니오에게 소중한 친구가 되었습니다.

어느 날 은둔소 주변 숲을 걷다가 안토니오는 호두나

무 앞에 멈추게 되었습니다. 그는 무성한 나뭇가지와 잎을 바라보며, 그 아름다움과 경이로움에 멈출 수밖에 없었습니다. 순간, '만약 내가 새라면, 여기가 바로 나의 둥지를 칠 곳'이라는 생각이 그의 마음을 가득 채웠습니다. 여기가 바로 그가 살고 싶은 곳이었습니다.

이미 언급했듯이 안토니오에게 나무는 특별한 매력을 지닌 존재였습니다. 우디네Udine에서는 나뭇가지 위에 올라 설교를 하였었지요. 가장 오래된 안토니오의 전기에서는 그가 나무에 아주 특별한 매력을 느낀 것으로 설명하지만, 제가 지금까지 읽은 다른 전기들의 내용을 보면, 자신의 질병인 천식으로 인해서 나무 꼭대기에 오르고자 했다는 내용을 전하기도 합니다. 이러한 이유로 인해 안토니오의 나무를 향한 깊은 애정이 그의 마음 깊은 곳에 자리하게 되었을 것입니다.

안토니오는 설교 중에 나무의 영적인 의미를 묵상하며 나눈 적이 있습니다. 그는 세비야의 이시도르의 말을 인용하면서 설교했습니다. "우리는 지면 밑으로 깊이 내려가 닻을 내리는 것을 뿌리라고 일컫습니다. 생물학자들이 말하듯이 뿌리가 얼마만큼 깊게 내리는지에 따라서 나무의 높이를 추정할 수 있습니다. 나무의 몸통은 뿌리에서 위로 뻗어 나온 것입니다. 가지는 나무 몸통에서 자라난 것이고, 이 가지에 나뭇잎과 열매가 매달리게 됩니다." 이 내용만 봐서는 단순한 자연 관찰에 지나지 않을 것입니다. 하지만 이 내용은 안토니오에 의해서 가장 근본적이면서도 인간적인 의미로 들어 높여집니다. "가장 근본적인 다섯 요소가 있습니다. 뿌리로서의 겸손, 나무 몸통으로서의 순명, 가지로서의 사랑, 나뭇잎으로서의 거룩한 말씀, 열매로서의 가장 높은 관상 차원에서 느껴지는 달콤함이 있습니다." 이제 안토니오는 나무의 다섯 부분에 상응하는 다섯 가지 덕들을 통해서 지혜로운 설교를 전합니다. "마음속에 겸손이 더 깊어질수록 행실도 위대해집니다. 물은 더 많아질수록 더 낮게 흐릅니다. 거짓된 겸손은 그 마음속의 뿌리가 얕아서 외적인 행실로는 더 크게 보입니다. 진실한 겸손은 훨씬 더 낮아지게 됩니다. 그렇기에 뿌리가 더 깊게 내릴수록 더 위대하게 되는 것입니다." 안토니오는 겸손으로 향하는 열 가지 과정에 대해 나눔을 계속했습니다. 안토니오는 마치 무성한 나뭇가지와 잎을 바라볼 때 그보다 먼저 뿌리를 본 것처럼 말합니다. 그렇게 무성한 나뭇가지와 잎이 있으려면 반드시 그 근거가 있기 때문이지요. 겸손은 한 사람의 진정한 위대함을 결정짓습니다. 그래서 안토니오는 당신 자신을 낮추신 하느님께 자기 자신을 온전히 내어드리고자 겸손으로 둥지를 치고 싶었던 것이었습니다. 동시에 하느님 신비 안에서 진정한 위대함을 찬양하고 싶었던 것입니다(설교집 I, 562).

안토니오가 자신의 바람을 티소에게 나누자, 그가 안토니오를 위해 직접 나무 위에 '둥지'를 짓게 됩니다. 이 작은 안식처가 다 지어지자, 안토니오는 그 위에 올라 산들바람을 느끼고 바람에 흔들리는 나뭇잎들의 소리를 들었습니다. 그는 나무의 뿌리와 몸통을 의식하면서 자신을 하늘로 옮겨줄 수 있을 듯한 환경에 머물게 되었습니다. 침묵 가운데 하느님 신비의 개방성이라고 할 수 있는 관상 또한 비행하는 새들의 모습에 비유되곤 합니다. 여기에서 안토니오는 깊은 겸손과 높은 하늘 사이의 중간 지점에 관련된 체험을 하게 됩니다. 이 시점에 안토니오는 설교를 준비하고 있었습니다. 그의 가장 오래된 전기는 다음과 같이 전합니다. "나무 위의 작은 공간에서 하느님의 종은 천상의 삶으로 이끌린다. 벌처럼 성실한 안토니오는 거룩한 관상의 순간에 자기 자신을 온전히 내어주고 있다."

참고로 안토니오는 나무 위에서 홀로 지내지 않았습니다. 다른 두 형제, 로제리오Roger와 루카 벨루디Luke Belludi가 함께 머물면서 은둔소에서건 순회 설교 중이건 아무도 홀로 떨어져 있지 않을 것이라는 프란치스칸 생활 양식을 지켰습니다. 이 형제들은 식사 시간이 되면, 나무를 타고 내려와 근처에 있는 공동체로 가서 식사하였습니다.

쓰러짐 그리고 죽음

안토니오가 죽음을 맞이한 날에도 그는 식사를 알리는 소리를 듣고, 나무 밑으로 내려와 공동체 형제들에게로 가서 함께 식사하고 있었습니다. 식사를 다 마치기도 전에 안토니오는 쓰러졌습니다. 아마도 심장마비인 것 같습니다. 형제들은 식당 밖으로 안토니오를 옮겨 들것 위에 눕혔습니다. 죽음이 임박해오자, 안토니오는 그가 사랑했던 파도바의 산 마리아 수도원으로 돌아가고 싶다는 바람을 전했습니다. 이에 형제들은 두 마리의 소가 끄는 흔들리는 수레에 안토니오를 눕힌 채 파도바로 돌아갑니다. 이 여행은 무소네강Musone River 길을 따라갔는데, 1964년 이후 이 길은 "성인의 길"이라고 불리게 되었습니다. 파도바에 가까워질수록 안토니오의 상태는 더욱 악화하였습니다. 아르첼라Arcella 가까이 이르러서는 캄포삼피에로에서 안토니오를 찾아오던 다른 형제 한 명을 만나게 되었습니다. 이 형제는 죽어가는 안토니오의 마지막 여행길을 함께하게 됩니다. 여기서 비노투스Vinotus 형제는 이러한 위기 상황에서 위험을 무릅쓰고 파도바로 갈 것이 아니라 아르첼라의 클라라 수녀회 수도원에 있는 프란치스칸 형제 공동체에 들르자고 제안하였습니다. 비노투스 형제는 이러한 상황에서 안토니오를 도시로 데리고 갔을 경우 사람들이 동요하게 되리라는 것을 염려하였던 것입니다.

비노투스 형제의 의견에 동의한 형제들은 아르첼라에 있는 형제들에게로 갔습니다. 안토니오는 형제들에게 고해성사와 병자성사를 받고는 형제들에게 성모 찬가를 부르도록 청하였습니다. 이어서 안토니오는 "나는 주님을 봅니다!"라고 외치고는 통회의 시편 7편을 기도하면서 죽음을 맞이하였습니다. 아주 시적인 전승에 따르면, '그의 영혼은 빛 속의 틈으로 뛰어들었습니다.' 이날은 1231년 6월 13일 금요일 저녁이었습니다.

안타깝게도 오늘날 아르첼라 성당은 원래의 위치에 있지 않습니다. 오늘날 기차역에서 조금 북쪽에 있던 아르첼라 수도원은 1517년 베네치아 공화국에 의해서 무너졌습니다. 그러나 안토니오가 처음 쓰러졌던 곳에 성당이 지어졌고, 또 안토니오가 아기 예수님의 환시를 본 곳으로 여겨지는 곳에 작은 기도방이 지어졌습니다. 15세기에는 호두나무 주변에 기념 성당이 세워졌고, 오늘날에는 클라라 수도회에서 관리하고 있습니다.

4 성 안토니오의 죽음 이후

이제 여러분과 성 안토니오의 죽음 이후에 일어난 여러 이야기를 나눠볼까 합니다. 그의 죽음 이후에 기록된 작품들의 내용을 반영한 것인데, 그의 생애에 있었던 일들은 순서가 정확하지 않을 수도 있습니다. 기적 사례 이야기들을 통해서 안토니오의 놀라우면서도 새로운 모습을 만나게 될 것입니다. 사실 안토니오의 환상적인 설교가의 모습과 그의 죽음 이후에 새롭게 드러나는 기적을 일으키는 사람의 모습 사이에 직접적인 연관성이 커 보이지는 않습니다.

격렬한 열정

안토니오의 가장 오래된 전기는 죽음 이후 곧바로 일어난 여러 사건 중에서도 먼저 사람들의 반응을 소개합니다. 안토니오의 죽음에 대한 사람들의 반응은 긍정적인 면과 부정적인 면을 지니고 있지만, 어쨌건 그 반응 자체는 아주 격렬하고 열정적이었다고 할 수 있습니다.

사람들의 혼란을 미리 걱정하였던 형제들은 안토니오의 죽음을 비밀에 부쳤지만, 끝내 성공하지 못했습니다. 갑작스럽게 이 사실을 알게 된 아이들이 도시 구석구석을 떼 지어 다니면서 "신부님이 돌아가셨어요. 거룩하신 안토니오 신부님이 돌아가셨어요!"라고 외쳐댔고, 이 소식을 들은 사람들이 아르첼라로 몰려들었기 때문입니다. 당시에 여러 도로가 만나는 중요한 교두보였던 카포 디 폰테Capo di Ponte 시민들은 안토니오의 시신을 보호하기 위해서 무장된 군대를 다리 위에 배치하기까지 하였습니다.

파도바의 시민들을 비롯하여 다른 지역 사람들 모두가 슬픔에 잠겼고, 어떤 사람들은 안토니오의 시신에 대한 '소유권'을 요구하기 시작했습니다. 예를 들어, 클라라 수도회 수녀들은 엄격한 봉쇄 생활로 인해 안토니오 생전에 만나지도 못했을 테지만, 그들이 있는 아르첼라가 안토니오의 마지막 안식처가 되기를 바랐습니다. 이들은 이 바람이 하느님의 뜻이라고 여기면서 이를 성취하고자 그 도시의 영향력이 있는 귀족 가문들과 뜻을 같이하고 있었습니다.

이와 반대로, 프란치스칸 형제들은 의심할 여지 없이

안토니오가 파도바의 수도원에 가기를 원했던 것을 알고 있었기에 그가 다른 곳에 묻힌다는 사실을 받아들일 수 없었습니다. 그들은 결국 주교에게 조언을 청하였고, 주교는 긴급회의를 열었습니다. 심혈을 기울인 끝에 주교는 형제들의 권리가 먼저 존중되어야 한다는 결론을 내리게 되었습니다. 그리고 안토니오의 시신을 안치할 곳과 관련된 이 일을 잘 수행하도록 당시 시장이었던 스테파노 바도에Stefano Badoer에게 위임했습니다.

하지만 주교의 이러한 요청마저도 카포 디 폰테 의회에서는 받아들이지 않았습니다. 시민들은 프란치스칸들에게 대항해서 무장하자는 결정까지 하게 됩니다. 시민들은 안토니오의 시신이 자신들의 지역에 남아있어야 한다는 결정을 지키기 위해서 자신들의 목숨과 재산을 걸면서까지 필요한 모든 것을 다 감수할 생각이었습니다.

당시에 이 지역 관구장이었던 피사의 알베르토Albert of Pisa는 어떤 이유에서였는지 형제들과 함께 있지 않았습니다. 그래서 형제들은 다른 결정을 행동으로 옮기기 전에 일단 관구장을 더 기다려보기로 했습니다. 아르첼라에서 형제들은 사람들의 위협에 대비하고자 모든 문을 잠

그고 방어벽을 설치해 놓았습니다. 어느 날 밤 자정이 다 된 시간에 안토니오의 시신을 보고자 사람들이 침입해왔습니다. 그런데 놀랍게도 이들은 자물쇠를 부수어 현관문을 열고 들어오기는 했지만, 감히 안토니오의 주검이 있던 방의 잠기지 않은 마지막 문은 열 수가 없었다고 합니다. 이는 안토니오의 시성을 준비하면서 모아진 많은 기적 사례 가운데 하나입니다. 사람들은 마지막 문을 그냥 열고 들어갈 수도 있었지만, 눈부시게 번쩍이는 불빛으로 인해 마치 문 앞에 묶인 듯 서 있을 뿐 움직일 수 없었다고 합니다.

아침이 되자, 훨씬 더 많은 사람이 각 지역에서 몰려들었습니다. 그들은 한 번이라도 안토니오의 시신을 만지려 했지만, 불가능했습니다. 그래서 창문과 출입문 등 방해되는 모든 것을 빼내고자 시도했습니다. 불타오르는 듯한 신성하고 경건한 '종교 심성'이 다시금 드러나고 있었습니다.

때는 여름이었기 때문에 형제들은 성인의 주검이 부패하지 않을까 걱정이 되었습니다. 그래서 일시적으로나마 안토니오의 주검을 땅에 묻기로 했습니다. 형제들은 서둘러서 안토니오의 주검을 나무관에 눕힌 다음, 주변에 얕게 파놓은 무덤에 묻었습니다. 하지만 이를 알아챈 사람들은 "형제들이 시신을 가지고 나갔다!"며 소리쳤고, 흥분한 사람들이 수도원 안으로 들어와 임시로 묻은 장소까지 찾아왔습니다. 그들이 땅을 파서 뒤집었으나 안토니오의 주검이 뉘어진 관을 확실히 알 수는 없었습니다. 프란치스칸들이 여기 관 안에 안토니오의 주검이 있다고 해도 이들은 형제들을 신뢰하지 않았습니다. 결국 위험을 무릅쓰고 나무관을 망치로 쳐보았지만 관을 열어보지는 못하였습니다.

마침내 이 지역 프란치스칸 형제들의 책임자인 알베르토 관구장이 토요일 저녁에 도착했습니다. 카포 디 폰테의 시민들은 안토니오의 시신을 요구하면서 이 목적을 위해 자신들의 모든 것을 걸고 서약한 문서를 보여주었습니다. 관구장인 피사의 알베르토는 다음과 같이 대답했습니다. "나의 소중한 형제 자매들이여, 법적으로 말하자면 여러분들은 이러한 요구를 할 권한이 없습니다. 그래도 여러분들이 인정을 베풀어주신다면 우리는 수도원 회의에서 하느님께서 영감을 주시는 것을 실행하도록 할 것입니다. 평화를 위해서, 또 제가 거짓이 없는 사람이라는 것을 보여드리기 위해서 저는 우리가 결정을 내릴 때까지 거룩한 안토니오의 시신을 여러분들이 지키고 있어도 좋다는 말씀을 드립니다."

피사의 알베르토는 아주 적절하게 대처한 것으로 보입니다. 아무것도 결정하지 않고 모든 상황을 열어놓으면서 반대자들 또한 대화에 참여할 수 있도록 하는 그의 태도는 심리학적으로 아주 훌륭한 모습이라고 할 수 있습니다.

안토니오가 죽은 지 사흘째 되던 날에 관구장의 요청에 따라 도시 의회가 열리게 되었습니다. 이 회의에서 시장은 일단 안토니오의 주검이 뉘어있는 곳은 보호받아야 하고, 형제들에 대항하여 어떠한 무력도 사용해서는 안 된다는 것을 결정하였습니다. 그리고 시민들이 무기를 지니고 다니는 것도 금지했는데, 폭력 사태를 사전에 방지하고 최소한의 통제가 가능하도록 하려는 것이었습니다.

그다음 날에는 주교좌 성당에서 주교의 주관으로 회의가 진행되었습니다. 이 회의에서 시민들에게는 평화가, 형제들에게는 공정함이 전해지기를 희망했습니다. 그러나 클라라 수도회의 영향력인지 이 회의에 참여한 다수는 안토니오의 시신이 아르첼라에 머물러있기를 바랐습니다. 관구장인 피사의 알베르토는 이 민감한 상황에서 다음의 말을 전합니다.

저는 숭고한 마음으로 여기 계신 여러분께 평화를 전합니다. 저는 지금 벌어지고 있는 논쟁 안에서 공정함과 이해의 요소가 본래 지녀야 하는 그만큼의 중요한 역할을 하지 못하고 있다는 인상을 받고 있습니다. 지금 여러분은 이성을 잃은 채 오직 감정적인 판단으로 이끌리고 있음을 보게 됩니다. 저는 분명히 여러분의 그 열의를 인정합니다. 하지만 이 열의는 무언가 특별히 다른 생각에서 드러나는 것이 아닙니다. 안토니오는 우리 수도회 소속의 형제였습니다. 여러분은 이 점을 간과해서는 안 됩니다. 그의 생애를 보더라도 우리 공동체 소속의 형제였다는 것을 여러분의 눈으로 보았을 것입니다. 이 점이 바로 죽은 안토니오를 그가 살아 있는 동안 자신이 묻히고 싶은 곳으로 선택한 천주의 성모 마리아 성당으로 옮겨가고 싶은 이유입니다. 물론 여러분은 안토니오가 스스로 그 장소를 선택한 것이 아닐 거라고 말할지도 모릅니다. 순명의 정신으로 결정한 것이기에 그의 뜻이 자유롭게 결정된 것이 아니라고 말입니다. 맞습니다. 오직 상급 장상만이 그러한 결정을 할 수 있는 권한과 자유를 지니고 있지요. 제가 바로 그 상급 장상인 만큼 저는 법과 이성에 기초한 결정이 이루어지기를 겸손하게 청합니다.

주교는 양쪽의 논쟁을 다 들은 후 프란치스칸 형제들의 손을 들어주었습니다. 그리고 모든 사람이 관구장인 피사의 알베르토의 뜻에 따를 것을 명령하였습니다. 그다음 날에 주교는 모든 사제단이 아르첼라로 가는 행렬에 함께하기를 결정하면서, 스테파노 바도에 시장에게는 안토니오의 시신이 파도바로 질서 있게 이동되도록 필요한 관리를 요청했습니다. 분명 혼란스러운 일이 생길 것이기에 카포 디 폰테를 지나지 않도록 작고 큰 배들을 이용해서 바키리오네Bacchiglione 강 위에 임시 다리를 설치했습니다. 하지만 이 계획을 알게 된 사람들은 임시 다리가 만들어지자마자 다리를 부수어버렸습니다. 파도바의 시민들은 이 상황을 미리 알고 무장하기 시작했고, 카포 디 폰테 사람들도 파도바의 군대에 맞서 싸움을 준비하는 사태가 벌어졌습니다.

이러한 상황은 클라라 수도회 자매들이나 프란치스칸

형제들 모두에게 너무나도 큰 부담이었습니다. 두 수도회 모두 임박한 전쟁에 책임을 느끼고 있으면서 두 도시 사람들에게 간곡히 부탁했습니다. 이제 아르첼라의 클라라 수도회도 결국 안토니오의 시신은 프란치스칸 형제들에게 돌려져야 한다는 점에 동의하게 되었습니다. 그리고 임시 다리를 파괴하는 데 가담했던 사람들은 도시의 남쪽으로 이동하는 것이 금지되었습니다. 시장 스테파도 바도에는 도시 의회 참석자들 앞에서 앞으로 어떤 저항 행위라도 벌이는 사람에게는 모든 재산을 압수하겠노라는 담화를 발표하면서 현 상황을 안정시키고자 했습니다. 시장의 선언은 주효했습니다. 마침내 주교와 사제단 그리고 수많은 사람이 모두 함께 성인의 시신을 모시고, 성인이 묻힐 고향 수도원으로 성대한 행렬을 할 수 있게 되었습니다.

6월 17일에 시작된 성대한 행렬은 오늘날에도 개략적으로나마 재구성할 수 있습니다. 고대 로마의 도로이기도 했던 당시의 주요 도로를 따라 행렬이 시작되어, 오늘날 비아 단테Via Dante라고 불리는 폰테 몰리뇨Ponte Molino를 경유하고, 피아자 델라 에르베Piazza della Erbe와 비아 산 칸

지아노Via san Canziano까지 이르게 됩니다. 이어서 폰테 델레 토리첼레Ponte delle Torricelle와 산 다니엘레San Daniele 성당을 거쳐 마지막으로 루테나Ruthena라고 불리는 지역에 도착하게 되는데, 이곳이 당시 성모님 성당과 프란치스칸 형제들 수도원이 있었던 곳입니다. 여기에서 프란치스칸 형제들은 안토니오가 바랐던 곳에 그의 주검을 눕힐 수 있었습니다.

죽은 안토니오의 주검을 둘러싼 이 격렬한 열정은 후대의 역사 속에서도 계속 반복되었는데, 사람들의 일반적인 신심뿐만 아니라 진지한 학문적 연구 차원에서도 그랬습니다. 채워질 수 없는 사람들의 호기심으로 몇 번이고(1263년, 1350년, 1981년) 안토니오의 무덤은 다시 열리게 되었습니다. 그때마다 변함없이 그의 뼈대는 부패하지 않았을 뿐 아니라, 놀랍게도 혀와 다른 모든 발성 기관마저 전혀 부패하지 않은 온전한 상태라는 반복된 결과가 발표되었습니다.

오늘날에는 거대한 성당과 수도원이 안토니오 성인의 무덤 위에 세워져 있습니다. 지금은 없어진 원래의 작은 나무 성당은 한때 검은 성모님 성당Chapel of the Black

Madonna이 있던 곳에 있었습니다. 그리고 검은 성모님 성당에는 성 안토니오의 삶과 죽음을 동반한 복자 루카 벨루디Luke Belludi 형제의 석관이 모셔져 있습니다. 참고로 1231년과 1273년 사이에 성 안토니오의 주검 또한 석관으로 옮겨졌습니다.

기적과 시성식

안토니오가 살아있는 동안에는 단 한 번의 기적도 행한 적이 없었습니다. 하지만 그의 시성 절차 과정에서 인정된 기적 사례 중에 그가 죽기 바로 전에 일어난 사건이 있었습니다. 이 사건의 내용은 이렇습니다. 파도바 출신의 피에트로는 네 살배기 딸인 파두아나를 품에 안은 채 도시를 걷고 있었습니다. 파두아나는 홀로 걸을 수 없었기 때문에 늘 안고 다녔지요. 그 아이는 또한 간질도 있었습니다. 어느 날 길을 걷다가 안토니오를 만나게 된 피에트로는 딸에게 십자성호를 그어 축복해달라는 부탁을 했고, 안토니오는 부탁대로 축복해주었습니다. 피에트로가 집에 돌아와 안고 있던 파두아나를 내려놓으니 아이가 홀로 섰습니다. 그래서 딸에게 의자를 가져다주고 몸을 지탱하도록 지팡이를 주었더니 걸음마를 시작하는 것이었습니다. 처음에는 서툴렀지만, 차츰 자연스럽게 되었습니다. 파두아나는 이제 지팡이나 도움 없이도 걸을 수 있게 되었습니다. 더욱이 간질 발작도 다시는 일어나지 않았습니다. 누군가는 이 사건이 기적이라기보다는 아버지의 믿음으로 가능하게 된 것이라고 할 수도 있을 것입니다. 아버지의 믿음으로 안고 있던 딸을 바닥에 내려놓음으로써 홀로 서 있기를 시작할 수 있었고, 그 뒤로 걸음마를 배우고 간질이 없어지는 일이 일어났기 때문입니다.

그러나 안토니오의 죽음 이후 곧바로, 심지어는 아르첼라에서 산타 마리아Santa Maria로의 성대한 행렬 중에서도 기적들이 일어나기 시작했습니다. 안토니오의 장례 이후로 며칠이고, 또 몇 주고, 사람들은 계속 기적적인 사건들을 들을 수 있었습니다. "격렬한 열정"은 치유의 은총이 일어나기 위한 환경을 제공하는 심리적인 토양이라고 할 수 있을 것입니다.

교회는 시성 절차 과정에서 조사한 많은 사건을 공식적인 기적으로 인정하였습니다. 가장 오래된 전기는 53

번의 기적들을 소개합니다. 절름발이가 걷게 되고, 맹인이 보게 되며, 벙어리가 말하게 되고, 간질이 치유되었습니다. 또 열병이 가라앉았고, 죽은 이가 되살아났으며, 난파된 이들이 구조되어 살아나는 등의 다른 놀라운 일들도 많이 일어났습니다. 이 모든 사건에 관련된 사람들의 이름과 장소는 기록에 남아있습니다. 이 기적 사건들을 보면, 마치 복음서의 예수님의 행적 안에서 드러난 기적들이 똑같이 일어난 것처럼 보입니다.

이제 안토니오의 시성을 위한 집단적인 움직임이 일어나고 있었습니다. 서로 다른 성격의 그룹도 안토니오의 시성 절차를 서두르고자 경쟁하는 듯 보였습니다. 도시 의회와 교구 사제단, 대학교, 도미니코 수도회 형제들, 다른 여러 수도회, 시장, 귀족들, 이탈리아 북부 지역 교황 특사 등이 파도바가 온 세상 앞에서 새로운 예루살렘으로 드러나기를 바라면서 안토니오가 빨리 성인들 대열에 들 수 있도록 모든 노력을 아끼지 않았습니다.

파도바에서 파견된 대표단은 이를 교황 그레고리오 9세에게 반복적으로 요청하며 부담을 주기까지 합니다. 교황은 파도바 주교인 야고보 코라도Jacopo Corrado, 베네딕

토회 수도원장인 요르단 포르카테Jordan Forzate, 도미니코회 수도원장인 비첸자의 요한John of Vicenza 등 세 명을 조사단으로 구성했습니다. 그리고 한때 프랑스의 브장송Besancon 대주교였고, 당시 이탈리아 사비나Sabina 지역의 주교인 요한 추기경이 파도바에서 준비된 문서들을 마지막 단계에서 승인하는 역할을 맡았으며, 그다음으로는 추기경단 회의에서 마지막 결정을 하는 것으로 예정되었습니다.

한편, 안토니오의 시성 절차 과정이 너무도 신속하게 진행된다는 점에서 여러 추기경의 반대도 일어나게 됩니다. 당시 추기경단은 16명으로 이루어져 있었는데, 많은 추기경은 프란치스칸 운동에 대해 어느 정도의 반감을 품고 있었습니다. 이들은 성 프란치스코의 시성식이 대략 4년 전에 거행되었을지라도, 이제 또 다른 프란치스칸 형제의 시성식에 대해서는 불만을 표출했습니다. 그러나 당시에는 세니Segni 가문의 영향력이 막강했는데, 이들이 프란치스칸들을 편애했다는 것은 널리 알려진 사실입니다. 참고로, 세니 가문 인물로 당시의 교황 그레고리오 9세와 후대의 교황 알렉산더 4세로 잘 알려진 리날도Rainaldo를 비롯하여 오타비아노Ottaviano와 니콜라Nicola 같은 사람들이 있었습니다. 하지만 영향력 있는 가문의 편애를 받았다 할지라도 리날도가 성녀 클라라의 시성 절차 준비를 서두르지 않도록 했던 것을 보면, 안토니오의 경우 역시 마찬가지가 아니었을까 하는 생각을 하게 됩니다. 어쨌건 이름이 전해지지 않은 어느 추기경이 꾼 충격적인 꿈으로 인해서 추기경단의 의견이 바뀌게 되는 상황이 일어납니다. 이 꿈을 통해서 안토니오가 직접 자신을 드러낸 것으로 해석되자, 시성 절차 과정에서 추기경단의 마지막 결정은 1232년 성령 강림 대축일 전 금요일인 5월 28일에 마무리되었습니다.

안토니오의 시성식에서는 다섯 가지의 특징을 꼽을 수 있었습니다. 먼저 추기경단, 주교단, 사제단, 모든 곳에서 모인 신자들 앞에서 교황이 직접 성대한 연설을 하며 새로운 성인에게 찬사를 전했다는 점입니다. 다음 부제 역할을 하는 추기경이 공식적으로 인정된 기적 사례들을 크게 선포했다는 점인데, 가장 오래된 전기에서 나타나는 53번의 기적 내용이 모두 이 시성식 중에 언급되었습니다. 세 번째로 교황이 직접 공식적인 시성식 기도문을 읽으며 안토니오를 성인으로 공표했다는 점입니다. 교황은 다음과 같은 기도문을 낭독하였습니다. "전능하신 천주 성부와 성자와 성령께 찬미와 영광을 드리고, 영광스러운 동정 성모 마리아와 거룩한 사도들인 성 베드로와 성 바오로 그리고 거룩한 로마 가톨릭교회를 찬미하며, 우리는 형제들의 조언에 기초하여 하늘에서는 하느님께로부터 영광스럽게 되었고, 지상에서는 우리가 공경하는 거룩한 파도바의 안토니오가 천상 성인들 대열에 오르셨음을 선포합니다. 성인의 축일은 선종하신 날에 기념될 것입니다." 네 번째로 특별한 감사기도(떼 데움)와 청원 기도가 있었는데, 성 안토니오에게 전구를 청하는 내용이 들어있었다는 점입니다. 이 시성식에서는 교황 그레고리오 9세가 "존경하는 스승이시며 교회의 빛이신 성 안토니오여, 저희의 구원을 위해 빌어주소서"라는 기도문을 주도하였습니다. 마지막에는 성 안토니오를 기념하는 성대한 미사가 교황청에서 거행되었습니다. 이제 안토니오는 기적을 일으키는 성인으로 인식되었고, 파도바는 전 세계 순례객들이 모이는 영성의 중심지 혹은 새로운 예루살렘으로 여겨지기 시작했습니다.

스피라의 줄리아노Julian of Speyer는 성 프란치스코에 관한 시적인 작품으로 명성을 얻은 뒤로도 프란치스칸 시인이요, 작곡자로, 역사가로 많은 활동을 한 형제였습니다. 이 형제는 전례 안에서 사용하기 위한 운문 형태의 노래를 작곡하였는데, 그중에서도 유명한 작품인 '당신이 기적을 청한다면Si quaeris miracul'은 안토니오의 시성 약 삼 년 뒤에 만들어진 것으로 성 안토니오가 온 세상에 어떠한 영향을 주었는지 느낄 수 있게 합니다. 시적이고 언어학적으로 라틴어가 주는 생생한 느낌을 번역된 언어로 전달하기는 어렵지만 그래도 소개하고 싶습니다.

기적을 청하는 이들이여, 보십시오.
죽음과 혼돈, 불행의 시간 그리고 마귀들과 나병은 달아나고
아픈 이들은 일어나 다시 건강해집니다!
바다는 물러가고 사슬은 떨어져 나갑니다.
젊고 나이든 모든 사람이
잃어버린 사람들, 잃어버린 물건들을 청하고 받고 있습니다.
위험은 지나가고 고통은 끝납니다.
이를 알게 된 사람은 이를 선포해야 합니다.
지금 파도바에서 그러하듯이!

우리는 여기서 잃어버린 것을 찾아주는 성인으로서 안토니오의 모습을 처음 발견하게 되는데, 20세기에는 성 안토니오의 이 이미지가 가장 지배적이었습니다.

전설적인 이야기들

안토니오를 기억할 수 있는 많은 성당이나 수도원에 대한 이야기를 듣다 보면, 안토니오의 이미지들이 시간이 흐르면서 점점 다양한 모습으로 발전했다는 것을 보게 됩니다. 역사적으로 바라볼 때 이들 중 소수의 이미지만이 정확하다고 할 수 있습니다. 호두나무에서의 안토니오를 묘사한 이야기는 그의 실제 모습과 아주 비슷하다고 할 수 있을 것입니다. 또 파도바에서 평화의 사도로 그려지는 그의 모습은 역사적인 사실과 부합할 것입니다. 비가 억수같이 쏟아지는데도 사람들이 흠뻑 젖은 채 안토니오의 설교를 듣고 있었던 모습을 떠올리면, 그가 얼마만큼 사람들에게 평화의 사도로서 영향을 끼쳤는지 알 수 있습니다. 이 장면은 1509년 "성 안토니오 학교"에서 지난토니오 코로나Ginantonoi Corona에 의해 그림으로 표현되었습니다. 참고로 이 학교에서는 아르첼라에서의 안토니오의 죽음을 묘사한 테사리G.Tessari의 작품이 발견되기도 했습니다.

그림으로 표현된 안토니오의 모습들은 그가 살아있을 때보다는 대부분 죽음 이후의 내용을 다루고 있습니다. 아무래도 작가들은 안토니오의 생애보다는 안토니오의 죽음이나 천국에서의 삶을 그 시작점으로 삼기를 원하는 것 같습니다. 이러한 안토니오의 모습을 우리 각자의 시점에서 바라보면서 치유와 구원으로 향하게 하는 의도를 지니는 것입니다.

이제 우리를 매료하는 안토니오와 관련된 전설적인 이야기들을 나누고자 합니다. 가능한 시간적인 순서를 맞추도록 하겠습니다.

깨지지 않는 유리잔

깨지지 않는 유리잔 이야기는 시성식에서 인정된 기적으로 분류된 내용입니다. 이 이야기는 1231년 성인의 주검을 매장한 이후에 일어난 사건을 다룹니다. 참고로 이와 비슷한 이야기가 다른 성인들과 관련되어서도 일어나곤 합니다. 가장 오래된 전기에 따르면, 살바테라의 알레아디노Aleardino of Salvaterra라는 귀족은 어린 시절부터 카타리파를 추종하는 자였고, 성 안토니오가 거룩한 사람이라는 것을 믿지 않았다고 합니다. 그의 가족들과 성 안토니오를 따르는 사람들 앞에서 그는 유리로 만들어진 술잔을 든 채로 사람들에게 외쳤습니다. "만약 내가 지금 바닥에 내던질 이 잔이 깨지지 않는다면 안토니오가 정말로 성인이라는 것을 믿을 거야!" 그리고 잔을 바닥에 힘껏 내던졌지만, 유리잔은 손상된 곳 없이 온전하게 남아 있었습니다. 알레아디노는 이에 놀라 결국 회심하였고, 이 잔을 형제들에게 가져갔습니다. 그리고 자신의 죄를 고백하면서 그리스도인이 되었습니다.

믿지 않는 남자

시성 절차 과정에서 기록된 또 다른 이야기는 몬셀리체Monselice 출신의 한 여성이 자살을 시도하는 중에 일어난 기적을 말합니다. 이 여성은 자신의 남편이 신앙생활을 다시 시작하면서 고해성사 보기를 간절히 원했습니다. 남편은 아내의 바람대로 고해성사를 보았고, 보속으로 아내와 함께 산티아고 데 콤포스텔라Santiago de Compostela로 순례를 다녀오기로 약속했습니다. 부부는 머지않아 이 순례 여정을 출발하였고, 아내는 매우 만족스러웠습니다. 심지어 불가능해 보이는 것을 이루었다는 생각에 교만해질 정도였습니다. 이러한 아내의 자만심을 의식한 남편은 산티아고 순례길을 더는 가고 싶지 않았습니다. 이에 화가 난 아내가 남편이 약속을 지키지 않으면 여기 강에서 뛰어내릴 것이라고 맹세까지 했습니다. 그래도 남편의 마음은 꿈쩍도 하지 않았습니다. 아내는 결국 강으로 뛰어내렸지만, 떨어지기 직전에 안토니오의 도움을 청했습니다. 강에 빠진 그녀는 바로 급류에 휩쓸렸습니다. 다행히 이 상황을 지켜보던 여러 여성이 물속에 뛰어들어 구조해냈는데, 놀랍게도 이 여자는 물에 조금도 젖지 않았다는 것입니다.

이 기적 이야기를 포함해서 다른 많은 기적 사례 안에 담겨있는 공통점을 찾게 됩니다. 이는 기적들의 내용이 성경의 구체적인 말씀을 실제적인 예로 증언한다는 것입니다. 이번 기적 이야기에서는 1코린토 7장 14절의 말씀을 보게 됩니다. "신자 아닌 남편은 아내로 말미암아 거룩해졌습니다."

물에 빠져 죽은 아이들

성 안토니오의 장례 이후에 물에 빠져 죽은 이들이 다시 살아나게 되는 기적들이 있었습니다. 가장 오랜 전기에서 소개하는 이야기로, 코마키오Comacchio 출신의 도메니코Domenico라는 사람이 아들을 데리고 일하러 갔습니다. 이들은 잠시 떨어져 있게 되었는데, 아들이 호수에서 놀다가 물에 빠져 죽은 채 발견되었습니다. 그는 큰 충격을 받은 채 아들의 시신을 집으로 데려왔고, 아이의 엄마는 안토니오의 전구를 청하면서 어떤 약속을 했다고 합니다. 그러자 얼마 지나지 않아서 아들은 다시 살아나게 되었습니다.

물에 빠져 죽은 이가 되살아나는 기적 사례 중에서 안토니오의 조카 이야기를 빠뜨릴 수 없습니다. 익사한 안토니오의 조카가 다시 살아나게 된 이야기는 미술 주제로도 자주 등장하곤 합니다. 이 이야기는 15세기에 처음으로 소개가 되었습니다. 안토니오의 조카인 파리시우스 Parisius는 친구들과 함께 리스본 근처의 바닷가에서 보트를 타며 놀고 있었습니다. 그런데 배가 뒤집히자, 수영을 못하는 파리시우스는 결국 물에 빠져 죽게 됩니다. 안토니오의 누이인 아이의 엄마가 이 소식을 듣고 바로 해안가로 달려왔습니다. 슬픔으로 가슴이 찢어졌지만, 그래도 안토니오에 대한 신뢰를 지닌 채 우선 아이를 찾았습니다. 다행히 아이를 찾은 엄마는 아이를 살려주기만 한다면 수도회에 봉헌하겠다고 약속하면서 기도하였는데, 결국 아이는 살아나서 그 약속을 지켰다고 합니다.

성 안토니오의 시성 절차 과정에서 쓰인 가장 오랜 전기에서는 물에 빠져 죽었지만 되살아난 에우렐리아Eurelia라는 소녀의 이야기를 전합니다. 강가에서 죽은 지 오래된 딸을 발견한 엄마는 겁에 질린 채 딸의 시신을 물 밖으로 빼내었습니다. 딸의 죽음을 받아들일 수 없었던 엄마는 성 안토니오에게 자신의 딸이 다시 살아나도록 전구를 청하면서 밀랍으로 만들어진 특별한 봉헌물을 바치겠다고 약속했는데, 딸의 육신이 온기를 되찾으며 살아났다고 합니다.

에첼리노 Ezzelino의 회개

1276년에서 1278년 사이에 존 페캄John Peckam이 작성한 안토니오의 전기에서는 폭군이었던 에첼리노와 관련된 안토니오의 정치적 임무가 완전히 실패했다는 역사적인 사실과는 반대로 에첼리노가 기적적으로 회개하였다는 내용을 소개합니다. 에첼리노가 다시 대학살의 만행을 저질렀고, 안토니오는 프란치스코가 했던 것처럼 이 사나운 늑대의 굴에 직접 들어갑니다. 하지만 프란치스코와는 달리 안토니오는 날카로운 표현들로 에첼리노의 마음을 후벼 파게 됩니다. 에첼리노는 깊이 후회하면서 그동안 자신이 살아온 잔혹함을 포기하겠다고 맹세하였습니다. 그러면서 자신의 목을 밧줄로 휘감으며 성인의 발 앞에 자신을 내던졌고, 그 뒤 그는 완전히 다른 삶을 살았다고 합니다. 존 페캄은 에첼리노의 마음을 생각하면서 그가 이렇게 말했으리라고 추정합니다. "나는 틀림없이 안토니오 신부님의 얼굴로부터 신성한 빛이 나오는 것을 보았고 그 빛은 나를 쳐서 넘어뜨렸소. 나는 그가 나를 지옥으로 던져버릴 것만 같았소."

왜 이렇게 역사적인 사실을 곡해하였을까요? 실패에

대한 염려 때문이었을까요? 아니면, 모든 일에서 항상 성공할 것으로 여겨지는 성인에 대한 잘못된 인식이 생겨날까 부담스러웠을까요? 아니면, 늑대 같은 사람이 회개하기를 바라는 진심 어린 희망 때문이었을까요? 이유는 그 누구도 알 수 없을 것 같습니다.

절단된 발

 존 페캄은 프란치스칸 저술가였던 베로나의 알버틴 Albertin of Verona 형제의 이야기를 빌려오기도 합니다. 파도바 출신의 레오나르도Leonardo는 어느 날 안토니오에게 와서 자신이 어머니를 발로 찼다고 죄를 고해하였습니다. 이에 안토니오는 "부모님을 차는 발은 잘려야 마땅합니다"라고 말하였고, 레오나르도는 집으로 돌아가 자신의 발을 절단하기에 이릅니다. 얼마 지나지 않아 이 끔찍한 소식이 안토니오에게도 들려왔습니다. 이에 안토니오는 마음을 모아 하느님께 경건한 기도를 드리고 나서 레오나르도를 급히 찾아가 하느님께서 주시는 능력으로 그 발을 다시 붙였습니다. 이 전설적인 이야기는 성경 말씀의 실제적인 예라는 것을 보게 됩니다. "네 오른 눈이 너를 죄짓게 하거든 그것을 빼어 던져 버려라. 온몸이 지옥에 던져지는 것보다 지체 하나를 잃는 것이 낫다. 또 네 오른손이 너를 죄짓게 하거든 그것을 잘라 던져 버려라. 온몸이 지옥에 던져지는 것보다 지체 하나를 잃는 것이 낫다."(마태 5,29-30)

기도하는 당나귀

기도하는 당나귀 이야기의 역사적 기원은 흥미롭습니다. 우선 프란치스칸들 안에서도 이 이야기가 전해져왔던 것으로 기록에 남아있습니다. 당나귀에게 제병(축성되지 않은 밀떡)을 먹이는 카타리파 사람이 하나 있었는데, 어느 날 신심이 두터운 신부와 논쟁이 벌어지게 되었습니다. 카타리파 사람이 "내 당나귀는 수천 개의 제병을 먹어 왔오"라고 말하자, 이 신부는 "그건 신성 모독이요! 그리스도의 몸은 영혼을 위한 양식이지, 당나귀를 위한 양식이 아니오. 내가 성체를 모셔올 것인데 이 당나귀가 성체를 먹으면 나는 당신이 믿는 바를 믿을 것이고, 당나귀가 먹지 않으면 당신은 내가 믿는 바를 믿으시오!'라고 대답하였습니다. 이 신부가 성체를 모셔오자, 당나귀는 바로 무릎을 꿇고 주님을 알아뵈었고 그 카타리파 사람은 회심하였다고 합니다.

이 이야기에는 구체적인 정보가 없다는 것을 우리는 쉽게 알 수 있습니다. 이름이 밝혀지지 않은 프란치스칸이 아닌 사제가 등장하고, 장소에 대한 정보도 없으며, 카타리파 사람도 누구인지 모릅니다. 그렇기에 이 이야기는 언제 어디서나 쉽게 구전으로 전해질 수 있는 성격을 지닙니다.

이 이야기가 안토니오와 접목되었는데, 처음에는 툴루즈Toulouse, 부르쥬Bourges, 리모주Limoges, 몽펠리에Montepellier, 리미니Rimini 같은 도시들이 이 이야기의 배경 도시인 것처럼 전해졌습니다.

아마도 존 페캄이 처음 이 이야기를 안토니오와 접목하고 그 도시를 툴루즈로 정한 것 같습니다. 다른 자료들을 보면, 이 이야기의 도시를 리미니로 말하는 경우가 많습니다. 이는 안토니오의 생애에서 본 것처럼 카타리파를 오랫동안 열렬히 추종하며 중심인물 격으로 여겨졌던 보노닐리우스 Bononillius가 가톨릭교회로 회심한 곳이 리미니였기 때문입니다. 아무튼 안토니오의 기적으로 전해지는 이 이야기 속에서는 아주 잘 알려진 사람이 회개한다는 내용을 포함하고 있습니다.

존 페캄이 전하는 이야기 속에서 어느 한 이단자가 안토니오에게 "말은 말일뿐이오. 나에게 행동으로 직접 보여주시오! 성체 안에 그리스도의 몸이 참으로 현존한다는 기적을 나에게 보여준다면 나는 내 믿음을 버리고 가톨릭 신앙을 따르겠소"라고 말을 하니, 이에 안토니오가 동의하였습니다. 그 사람이 이어서 "내가 당나귀 한 마리를 3일 동안 굶긴 후에 사람들 앞에서 먹이로 건초를 주겠소. 그 자리에 당신은 당신이 주장하는 주님의 몸을 들고 계시오. 배고픈 당나귀가 건초를 먹지 않고 주저 없이 무릎을 꿇는다면 나는 가톨릭교회의 믿음을 따를 것이오"라고 말했습니다. 우리가 예상한 대로 당나귀는 건초는 거들떠보지도 않고 무릎을 꿇어 경배하였다고 합니다. 이 이단자를 일컫는 보노닐리우스는 당나귀도 아는 것을 자신이 모른다는 점에서 그리고 자신 또한 분명 인식할 수 있었을 텐데 그렇게 하지 못한 것에 스스로 부끄러워하면서 낯을 들지 못했습니다.

기적적인 언어 전달

존 페캄은 1330년에 저술된 『성 프란치스코와 그의 동료들 전기』에 훨씬 더 구체적으로 서술된 이야기를 안토니오와 관련한 이야기로 전달합니다. 이 전설적인 이야기는 두 가지 부분에서 역사적인 관점으로 바라볼 필요가 있습니다. 우선, 포르투갈 토박이인 안토니오가 이탈리아 북부와 프랑스 남부에 있는 그 많은 사람에게 어떻게 자신의 설교를 잘 전달할 수 있었는지 이 부분에 대해서는 아직도 확실히 알 수 없습니다. 이탈리아 사람들의 경우에는 당시에 구어체로 쓰던 언어가 라틴어와 크게 다르지 않았기에 라틴어에 능숙한 안토니오가 순회 설교가로 활동을 시작하기 전에 이 언어를 배웠을 수도 있습니다. 그렇다면 프랑스 사람들은 어떤 언어로 이해했을까요? 라틴어나 이탈리아어가 그 사람들이 이해하기에 충분한 언어였을까요? 이 언어들이 당시 프랑스 사람들이 쓰던 언어와 차이가 별로 없다면 가능했을 것입니다. 아니면, 언제 어디서나 안토니오를 동반하는 아주 능숙한 통역사가 있었을까요? 하지만 어느 자료를 찾아봐도 이런 역할을 한 사람을 볼 수 없었습니다. 그렇다면 안토니오는 어떻게 이러한 언어 장벽에도 불구하고 자신의 설교를 잘 전달할 수 있었을까요? 이를 가능하게 할 새로운 성령 강림이 필요했던 것은 아닐까요?

또 안토니오가 로마의 교황청 옆에 있었다는 점도 말씀드리고 싶습니다. 아마 그곳에서도 설교할 기회가 있었을 겁니다. 전설적으로 전해오는 성 안토니오의 기적적인 언어 능력을 설명하는 데 국제적인 모임 장소만큼 더 적합한 곳도 없을 것입니다. 구체적인 언급은 없지만 아주 다양한 모임들이 있었을 것입니다. 어떤 경우라도 이곳 사람 중에는 그리스 말을 하는 사람들과 라틴어나 불어, 독어, 슬라브어, 영어 그리고 각기 다른 여러 언어를 사용하는 사람들이 있었을 것입니다. 안토니오가 이들에게 설교했고 모두가 그 내용을 이해하는 데 어려움이 없었다면 사람들은 이런 말을 하지 않았을까 싶습니다. "저 사람은 포르투갈 사람이 아닌가? 그런데 어떻게 우리 모두 각자의 언어로 그를 이해하고 있는 것이지?"라고 말입니다. 교황 그레고리오 9세는 안토니오에 대하여 이렇게 표현합니다. "참으로 이 사람은 '계약의 궤'이며 거룩한 말씀을 지키는 관리인이다." 성경에 나오는 성령 강림의 기적이 여기에서도 분명하게 드러납니다. 안토니오의 설교

현장에서 우리 눈으로 직접 볼 수 있는 상황이니까요.

루카 벨루디의 환시

존 페캄의 기록을 보면, 폭군이었던 에첼리노Ezzelino가 파도바를 통치할 때 파도바의 모든 사람은 두려움과 공포 속에서 살고 있었다고 합니다. 당시에 파도바 수도원장이었던 바르톨로메오 데 코라디노Bartholomew de Corradino가 깨어 기도하고 있었는데 갑자기 "두려워하지 마시오, 바르톨로메오 형제여. 슬퍼하지 말고 용기를 내어 기뻐하십시오. 내가 하느님의 자비를 얻었습니다. 8일 동안 이어지는 나의 축일을 맞이하여 도시는 다시 정복될 것이고, 과거의 자유와 독립이 다시 우리의 것이 될 것입니다"라는 음성을 듣게 되었습니다. 그리고 음성으로 들은 이 내용은 실제로 이루어졌습니다.

참고로 이 기적 이야기가 그림으로 전해질 때는 안토니오의 동료였던 루카 벨루디가 이 음성을 들은 주인공으로 묘사되고, 원천 사료에서는 바로톨로메오가 그 주인공으로 기록되어 있습니다.

설교를 듣는 물고기들

13세기가 끝나가는 무렵에 누군가가 설교를 듣는 물고기 전설을 지어낸 것으로 보입니다. 1300년부터 1315년까지 작품 활동을 했던 쟝 리고Jean Rigaud는 이 기적 이야기를 발견하여 성 안토니오 전기에 포함합니다. 다른 전승에 따르면, 이 이야기의 배경을 리미니Rimini, 베네치아, 라벤나Ravenna 아니면 툴루즈Toulouse로 표현하는데, 쟝 리고는 이 이야기가 파도바에서 시작되는 것으로 설정합니다.

하지만 이 이야기가 리미니에서 있었다고 하는 것이 가장 사리에 맞아 보이긴 합니다. 왜냐면 이곳에서 안토니오는 처음에 제대로 설교할 수 없었기 때문입니다. 이 지역은 카타리파에서 이미 세력을 크게 확장한 곳이었기 때문입니다. 하지만 시간이 흘러 누구도 기대하지 않았지만, 안토니오는 이곳에서도 돌파구를 찾아 성공적으로 설교할 수 있었습니다. 결국 안토니오의 도움으로 이 도시는 다시금 가톨릭 신앙으로 되돌아오게 되었지요.

이처럼 놀랍고 기적적인 변화가 일어날 수 있었던 원인은 무엇이었을까요? 아마도 이를 설명하는 차원에서 설교를 듣는 물고기 이야기가 시작된 것 같습니다.

이 이야기에 따르면, 안토니오는 처음에 이 도시에서 설교하는 일을 포기했다고 합니다. 왜냐면 소위 정결한 이들이라고 불리던 카타리파 사람들이 안토니오의 말을 듣기를 거부했기 때문이었지요. 그래서 안토니오는 근처 바다로 내려가 물고기들을 바라보기 시작했습니다. 안토니오는 카타리파 사람들에게 물고기는 정결과 거룩함의 상징이라는 것을 알고 있었습니다. 그렇다면 실제로 정결하고 거룩한 물고기들에게 설교하지 못할 이유가 없지 않습니까? 스스로 정결하고 거룩하다고 여기는 자들은 그의 말을 들을 준비가 되어있지 않았으니 말입니다. 놀랍게도 수많은 물고기가 떼를 지어 몰려와서 안토니오의 말을 주의 깊게 들었다고 합니다. 카타리파 사람들이 이를 목격하고는 이 물질세계 안에 현존하시는 하느님께 돌아올 수밖에 없었습니다. 유명한 작가였던 산타 클라라의 아브라함Abraham of Santa Clara이 이 사건을 풍자하며 남긴 시를 나누고 싶습니다.

안토니오는 설교하러 갔다네.
하지만 교회 안에는 아무도 없었네.
이제 물가로 가서 물고기들에게 설교했다네.

태양 빛이 바다 위로 반짝이는 가운데
물고기들은 꼬리를 흔들고 있다네.

잉어는 배가 가득 차서 왔다네.
친구든 적이든 모두 왔다네.
그들은 입을 활짝 벌린 채로 기쁨 속에 듣고 있었네.
그 어떤 설교도 잉어를 더 기쁘게 한 적이 없다네.

날카로운 얼굴을 한 강꼬치고기도 왔다네.
거룩한 이의 설교를 듣고자 왔다네.
아니었으면 서둘러 다른 곳에 갔을 것이네.
그 어떤 설교도 강꼬치고기를 더 기쁘게 한 적이 없다네.

또 이상을 꿈꾸는 모든 사람
항상 단식하고 있다네.
그래도 나는 믿는다네.
대구는 설교를 들으러 나아가고 있다고.
그 어떤 설교도 대구를 더 기쁘게 한 적이 없다네.

착한 장어와 철갑상어

고상한 이들이 먹는 물고기

하지만 일부러 여기까지 와서

설교를 듣고자 나타났다네.

그 어떤 설교도 장어를 더 기쁘게 한 적이 없다네.

마찬가지로 게와 거북이

느린 전달자들

그러함에도 서둘러 일어나 기쁜 소리를 들으러 왔다네.

그 어떤 설교도 게들을 더 기쁘게 한 적이 없다네.

크고 작은 물고기들

우아하고 평범한 물고기들

머리를 들어 듣고자 하네.

하느님의 바람을 채우기 위해서

안토니오의 설교를 듣기 위해서.

설교는 끝났네.

하지만 아무도 회개하지 않았네.

강꼬치고기는 여전히 교만하다네.

그 어떤 설교도 그들을 변화시킨 적이 없다네.

게는 돌아갔고

대구는 여전히 살이 쪄있고

잉어는 과식하고 설교는 잊혔네.

그 어떤 설교도 그들을 변화시킨 적이 없다네.

독이 든 음식

쟝 리고는 독이 든 음식에 관한 전설을 나누어줍니다. 이탈리아의 어느 지역에서 카타리파 사람들이 안토니오를 식사에 초대하였습니다. 죄인들과 식사를 함께 하셨던 그리스도의 모범을 따라서 안토니오는 그리스도께로 그들을 이끌려는 희망으로 그 초대를 받아들였습니다. 하지만 그들은 안토니오 앞에 독이 든 음식을 미리 준비해놓고서는 그가 살아남는다면 가톨릭 신앙으로 되돌아가겠다고 약속하였습니다. 안토니오는 음식 위에 십자성호를 긋고 먹었지만, 아무런 해도 입지 않았습니다. 이를 목격한 카타리파 사람들은 약속한 대로 하느님께 되돌아왔습니다.

이런 경우들이 더 있었는데, 카타리파 사람들은 안토

니오가 모르게 독이 든 음식을 준비하여 죽일 음모를 꾸미기도 했습니다. 이번에도 안토니오는 준비된 음식 앞에 십자성호를 긋고 식사를 했지만 아무런 해도 입지 않았습니다. 이 전설적인 이야기는 성경 말씀과의 직접적인 연관성을 보여줍니다. "믿는 이에게는 이러한 표징들이 따를 것이다. 곧 내 이름으로 마귀들을 쫓아내고 새로운 언어들을 말하며, 손으로 뱀을 집어 들고 독을 마셔도 아무런 해도 입지 않으며, 또 병자들에게 손을 얹으면 병이 나을 것이다."(마르 16,17-18)

이러한 기적 이야기는 다른 성인들에게서도 나타났는데, 특히 성 베네딕토의 경우 성인을 시기한 수사들이 독으로 죽이고자 했지만 아무런 해도 입지 않았습니다.

구두쇠의 심장

이 전설 이야기는 13세기 후반 무렵 처음 유래된 것으로 알려져 있는데, 성경 말씀인 "너의 보물이 있는 곳에 너의 마음도 있다"(마태 6,21)의 실제적인 예라고 할 수 있습니다. 이 이야기는 성 보나벤투라의 설교집에서 처음으로 등장하는데, 후대에 쓰인 성 안토니오 전기의 내용보다도 더 구체적입니다. 실제로 성 보나벤투라가 이 이야기를 전했는지 모르지만, 어쨌든 이 내용에서는 한 주교가 생전에 고약한 구두쇠였던 사람에게 장례미사를 허락하지 않으면서 그 구두쇠의 친척들에게 구두쇠의 심장이 그의 보물 상자 안에 있을 것이라고 말했다고 합니다.

14세기 초반에는 안토니오와 고리대금업자들 사이의 관계를 표현할 때 "너의 보물이 있는 곳에 너의 마음도 있다"는 성경 말씀이 가장 적합한 명언으로 쓰였고, 성당 스테인드글라스에도 이 말씀이 쓰여있곤 했습니다. 실제로 안토니오는 고리대금업자들을 몹시 비난하였습니다. 1231년에 안토니오는 고리대금으로 인한 피해자들을 보호하는 유명한 법을 제정하도록 했는데, 아쉽게도 여기에 관한 전설은 전해지지 않습니다.

약 1385년경, 피사의 바르톨로메오Bartholomew of Pisa는 안토니오와 고리대금업자들과의 관계에서 있었던 일화를 소개하는데, 안토니오는 고리대금업자의 장례식에서 위의 성경 말씀을 언급하면서 지금 이 고리대금업자의 몸속에는 심장이 없고 그의 보물 상자에 있다는 말을 했다고 합니다. 안토니오의 설교 이후에 사람들이 찾아보니, 안토니오의 말이 맞았다고 합니다. 그 고리대금업자의 심장이 그의 보물 상자에서 발견되었기 때문입니다.

친자 확인 기적

친자 확인에 관련한 기적 이야기는 안토니오가 1228년 페라라Ferrara에서 생활하고 있을 때 일어났다고 합니다. 하지만 이 이야기는 15세기 중후반에 이르러서야 글로 전해지게 되었습니다. 파도바의 시코 폴렌토네Sicco Polentone of Padua가 이 이야기를 전합니다. 한 여성이 남편의 걷잡을 수 없는 질투와 계속되는 비난으로 큰 고통을 받고 있었습니다. 남편은 아내가 부정하다면서 고발하였고, 심지어 막내 아이는 자신의 아이가 아니라고까지 주장하였습니다. 여기에 안토니오가 개입해서 아이에게 누가 아버지인지 크고 분명하게 말하라고 지시하자, 아이가 아직 말을 하지 못할 나이임에도 말을 하였고, 그 뒤로 남편의 불신과 질투는 사라졌다고 합니다. 성 안토니오의 전례 기도문을 보면, 이 이야기를 언급하는 응송을 찾을 수 있습니다. "완전한 찬미가 아이들의 입에서 흘러나오네." 또

이 이야기와 관련된 내용을 성경 말씀에서도 찾아볼 수 있습니다. "당신의 적들을 물리치시고 대항하는 자와 항거하는 자를 멸하시려 아기와 젖먹이들의 입에서 나오는 것으로 당신께서는 요새를 지으셨습니다."(시편 8,3)

칼에 찔린 여성

약 1450년경 시코 폴렌토네는 성 안토니오에 관한 다른 이야기를 전합니다. 성질이 아주 급한 어느 귀족 남성이 아레쪼Arezzo에 있던 안토니오에게 급히 달려와 자신이 화가 나 아내를 칼로 찔렀는데, 아내가 곧 죽을 것 같다고 고해했습니다. 안토니오는 그와 함께 그 집에 들어갔고, 그 부인은 다시 건강해졌다고 합니다.

안토니오의 석관을 연 이야기

1385년에서 1390년 사이에 피사의 바르톨로메오는 1350년에 안토니오의 석관을 비공식적으로 열어본 적이 있다는 기록을 남겼습니다. 그에 따르면, -이 내용이 얼마나 확실한지 판단할 수는 없지만- 몽포르의 귀도Guido of Montfort 추기경이 성인의 유해를 잘 보존하기 위해서 머리부터 턱까지 분리해 놓았다고 합니다. 그 뒤 1512년 바르톨로메오 몽타냐Bartholomew Montagna 또한 이 사건을 이야기했지만, 기록된 내용은 1981년 성인의 석관을 열어 사진으로 기록한 내용과 다른 점이 거의 없었습니다.

반지

16세기 초반에 캄포삼피에로Camposampiero에서 그려진 그림에는 성 안토니오의 전구로 잃어버린 반지를 물고기 안에서 되찾는 이야기가 표현되어 있습니다. 이러한 전설적인 이야기는 오늘날에도 약간씩 변형되어 되풀이되고 있습니다.

죽은 남자의 증언

이 이야기는 16세기에 포르투갈에서 전해졌습니다. 죽

은 남자가 되살아난 사건은 안토니오가 살아있는 동안에 일어난 일이기도 합니다. 리스본의 두 사람이 강한 적개심으로 서로를 원수같이 대했다고 합니다. 어느 날 밤 그중 한 사람이 다른 이의 아들을 죽이고, 의심을 사지 않기 위해서 죽은 아이의 시체를 안토니오의 생가 앞에 두고 도망갔습니다. 아이의 시체가 발견되자, 안토니오의 아버지인 마르틴Martin은 살인 혐의로 체포되어 사형 선고까지 받게 되었습니다. 이를 알게 된 안토니오는 죽은 이를 깨워 다시 살아나게 하였고, 실제 살인자를 찾게 된 안토니오의 아버지는 누명을 벗었습니다.

책, 불꽃, 심장, 백합, 십자가, 아기 예수님

성 안토니오를 표현하는 데 여러 상징적인 표현이나 특징이 있습니다. 우선, 성 안토니오의 특징을 드러내는 가장 오랜 상징적 표현으로 책을 꼽을 수 있습니다. 그 의미는 분명하지요. 안토니오는 설교가였고 학자였으며 신학자였습니다. 하지만 안토니오는 단순히 이성적인 학자만은 아니었습니다. 그는 불꽃 튀는 사랑의 사람이었습니다. 성 안토니오를 드러내는 불꽃 상징은 이러한 사랑의 열정을 의미합니다.

1394년에 아놀로 가디Agnolo Gaddi가 또 다른 신학자이자 저술가였던 성 보나벤투라와 함께 성 안토니오를 그리라는 요청을 받았을 때 아놀로 가디는 안토니오를 불꽃 상징으로 표현했습니다. 이 불꽃은 약 150년 동안 성 안토니오를 드러내는 대표적인 상징이었습니다. 이 불꽃과 비슷하게 심장은 특정한 형태와 의미를 지니고 있었기에 성인을 표현하는 데서 불꽃과 심장은 번갈아 드러나곤 했습니다. 15세기 이후로 안토니오의 순결함은 종종 백합으로 표현되곤 했습니다. 또 성 프란치스코를 포함하여 다른 많은 성인과 마찬가지로 성 안토니오 역시 십자가를 들고 있는 모습으로도 드러납니다. 마지막으로 성 안토니오를 표현하는 데 가장 많이 쓰이는 아기 예수님이 있는데, 이는 오늘날에도 대표적인 특징으로 남아있습니다. 과거의 사료들을 살펴보면, 14세기에는 드물게 아기 예수님과 함께 표현되다가 17세기 이후부터는 항상 아기 예수님과 함께 있는 성 안토니오를 볼 수 있습니다.

나누어진 빵

"성 안토니오 학교"의 위대한 화가로 평가받는 티치아노Tiziano는 1511년 성 안토니오와 관련되어 오늘날까지도 가장 많이 알려진 주제 중의 하나를 작품으로 그립니다. 이 그림은 수도원장인 성 안토니오가 빵을 쪼개고 있는 모습을 묘사하고 있습니다. 이렇게 빵을 쪼개는 상징적인 모습을 통해서 안토니오는 필요한 이들에게 도움을 주는 훌륭한 사람이라는 것을 말하고자 하는 것입니다. 이 작품 이후로 "안토니오의 빵"은 성인을 표현하는 데 전형적인 이미지로 드러납니다.

1890년 8월 12일 툴롱Toulon의 루이즈 부피에Louise Bouffier라는 여성이 현관문을 열고자 했지만, 문이 열리지 않아서 자물쇠 전문가를 불렀는데도 그 문을 열 수 없었습니다. 이 상황에서 루이즈 부피에는 안토니오 성인에게 도움을 청하면서 동시에 가난한 사람들을 위해 봉사할 것을 약속했습니다. 그러자 갑자기 문이 열렸습니다. 감사한 마음에 그녀는 자신의 상점 앞에 있는 성 안토니오 성상 앞에 가난한 이를 위한 모금함을 만들어 놓았고, 모금된 돈을 가난한 이들과 나눌 수 있게 되었습니다. 그리고 이 아이디어가 빠르게 퍼져나가서 다른 사람들도 가난한 이들과 나눔을 할 수 있게 되었습니다. 이러한 기적 사례들을 통해서 안토니오 성인에 대한 신심이 전 세계 교회 안에서 발전하게 되었습니다.

과학적인 호기심

오늘날까지도 성 안토니오는 우리의 관심을 크게 불러일으킵니다. 심지어 과학 세계마저도 성 안토니오의 기적과 삶에 대해서 큰 관심을 보입니다. 특히 성인의 유해를 조사하는 데는 더욱 그러합니다. 1981년에 잘 보존된 안토니오 성인의 뼈대를 과학적으로 조사한 후 다음과 같은 내용이 요약되었습니다.

조사된 뼈대는 특별히 기형적인 부분이 없었고 특정한 질병도 없었음을 보입니다. 하지만 오랜 기도 습관이나 사인死因에 영향을 줄 수 있는 엄격한 보속 행위들을 드러내는 여러 흔적이 발견되었습니다. 성 안토니오의 신체 치수는 그림의 모습과는 다릅니다. 성인의 신장은 약 170cm였고 약간 긴 머리형에 얼굴도 좁은 편이었습니다. 눈은 움푹 들어가고 긴 손과 가는 손가락을 지니고 있었습니다. 건강하고 좋은 비율의 골격을 지닌, 전형적인 대서양-지중해 지역의 사람이었습니다. 성인의 나이는 대략 40세로 추정이 되고, 다양한 방법을 통해 얻은 증거에 기초하면, 39세 9개월의 생애를 사셨다고 할 수 있습니다.

이러한 과학적인 정보에 기초하면, 성인의 출생은 그동안 사료를 통해 우리가 알고 있는 1195년이 아니라 1191년으로 되돌아가야 할 것입니다. 아마 누군가는 오랜 원천 사료에 기초한 계산을 따라야 할지, 현대 과학에 기초한 계산을 따라야 할지에 대해 질문할 수도 있겠지요. 어쨌든 성 안토니오가 우리에게 남긴 유산은 출생 연도나 나이와 상관없이 죽음을 맞이한 안토니오의 생애로 되돌아갈 뿐입니다.

나가며

우리에게 전해진 성 안토니오의 죽음 이후의 이야기들은 다른 성인의 예도 그렇지만, 그의 실제 인생 이야기와는 꽤 다릅니다. 그러면서도 결국 비슷한 면이 있습니다. 설교가이며 신학자인 안토니오는 하느님의 복음을 전하는 살아있는 존재 자체가 아니었습니까?

선포된 말씀은 단순히 말씀으로만 남아있어서는 안 될 것입니다. 선포된 말씀은 새로운 실재를 창조해야만 합니다. 이제 새로운 현실이 나타나면서 강생하신 하느님의 말씀을 통해서 우리는 잠에서 깨어 생명으로 나아갑니다. 그리고 교회 박사 칭호를 받은 파도바의 성 안토니오의 기적들 안에서도 이 새로운 현실이 비추어지고 있음을 우리는 목격합니다. 하느님 말씀을 전하기 위해서 그림자 밖으로 나온 성인의 삶이 오늘날에 이르기까지 하느님 왕국이 충만히 체험되는 이 세상에서 울려 퍼지고 있습니다.

5 기도문

성 안토니오께 드리는 기도

우리의 전구자이신 성 안토니오여,
하느님께 기도하며 간청해주소서.
하느님께 요청하며 감사드리소서.
우리와 함께 하느님 신비 안으로 들어가 주소서.

울고 있는 이들을 하느님 마음속으로 데려가소서.
당신 손에 모든 것을 지니고 계시며
멈춤이 없으신 하느님께서
당신 얼굴을 우리에게 돌리시어
우리를 도우실 때까지 전구해 주소서.

곤궁에 처해있는 이들을 돕는 성 안토니오여,
저희가 잃은 것을 찾아주소서.

모든 남성과 여성을 사랑으로 불타오르게 하소서.
사랑하는 이들을 묶어주소서.

결혼한 이들은 안아주소서.
아이 없는 이들의 슬픔을 들어주소서.
임신한 이들의 두려움을 없애주소서.
노동하는 이들의 고통을 위로해 주소서.

우리 미래의 두려움을 없애주소서.
사회와 교회에서 창조적인 힘을 일깨워주소서.
모든 이에게 행복을 가져오는 일을 주소서.
아이들을 돌보아주시고,
노인들을 보호해주소서.
배고픈 이들을 먹여주시고,
헐벗은 이들을 입혀주소서.
방황하는 이들에게 피난처를 주소서.
그리고 모든 이에게 열린 마음을 주소서. 아멘.

빵 축복 기도

하느님,
저희가 구운 빵 위에
저희가 나누는 빵 위에
그리고 저희가 먹는 빵 위에
당신의 손을 들어주소서.

당신의 생명을 이 빵 안에 불어넣어 주소서.
그리하면 죽음이 물러갈 것입니다.

당신의 사랑으로 이 빵을 만져주소서.
그리하면 이 빵이 많아질 것입니다.

당신의 힘으로 이 빵을 축복해주소서.
그리하면 축제가 될 것입니다.

이 모든 것 성 안토니오의 전구와 함께
우리 주 예수 그리스도를 통하여 비나이다. 아멘.